RICH DEVOS

자신이 원하는 성공을 이루고 싶은 분들을 위한 강력한 믿음의 힘

믿음
Believe!

리치 디보스의
Rich DeVos

믿음

성공을 이루고 싶은 분들을 위한
강력한 믿음의 힘

리치 디보스 & 찰스 폴 콘 지음 / 심수영 옮김

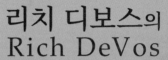

아름다운사회
Beautiful Society

BELIEVE!

사랑하는 아내 헬렌과

우리 아이들

딕, 댄, 셰리, 더그에게

이 책을 바친다.

이 책에 내 인생 스토리를 담으려 한 것은 아니고 내가 믿는 몇 가지를 쓰고 싶었다. 만약 내 인생 여정 이야기였다면 내 약점과 결함을 언급했어야 할 것이다. 그런 나를 잘 알면서도 나를 사랑해주는 가까운 친구들에게 감사를 전하고 싶다.

나아가 미흡한 나를 사랑하시는 하나님, 우리의 부족함에도 불구하고 우리를 사용하시는 하나님께 감사드린다. 지금의 나를 만드시고 내게 많은 것을 주신 하나님께, 나 같은 사람을 택해도 이 모든 것을 이룰 수 있음을 내가 깨닫도록 도우신 하나님께 감사드린다.

리처드 M. 디보스

Richard M. DeVos
Co-Chairman of Amway

플랫폼에 앉아 생각했다. 1분 안에 리치 디보스를 어떻게 소개하면 좋을까? 오랫동안 알아왔고… 동료로서 함께한 세월이 있고… 열띤 토론을 하고, 웃고, 기도하고… 그런데 1분 안에 소개하라고? 불가능한 일이다!

나는 간단하게 메모하기 시작했다. 유명 인사를 소개하는 전형적인 내용이다.

- 역사에 손꼽힐 만한 성공 스토리를 쓴 사람 중 하나.
- 수천 명에게 동기를 부여하고 그들의 마음을 사로잡은 연설가.
- 아내를 사랑하고 아내의 조언과 충고를 존중하는 남자.
- 아이들과 함께 시간을 보내고 아이들에게 에너지를 쏟는 진정 가정적인 남자.
- 개인적 니즈만 채우는 것이 아니라 공익을 위해 헌신하는 박애주의자.
- 높은 사고력으로 사람을 이끄는 리더 중의 리더.

• 계속해서 새로운 친구를 사귀지만 젊은 몽상가 시절부터 그를 알아 온 친구들과도 여전히 친밀한 관계를 유지하는 사람.

리치를 슬쩍 쳐다봤다. 그는 진심으로 자신의 메시지를 전하고 싶어 했고 그 메시지가 공유할 만한 가치가 있음을 알기에 들떠있었다. 타인에게 관심이 많은 그는 헌신적이고 적극적인 크리스천이다. 더구나 그는 그리스도의 복음을 전하는 일을 부끄러워하지 않는 매력적인 성품까지 지녔다.

메모를 다시 한번 죽 훑어보니 왠지 모르게 감정을 배제한 객관적 묘사처럼 느껴졌다. 왜 이런 당연한 얘기를 해야 할까? 나는 리치를 오랫동안 알고 지냈다. 청중에게 이 사람의 진짜 모습을 전해보자.

나는 메모를 옆으로 치웠다. 그리고 내 차례를 기다렸다가 연단으로 다가갔다.

리치 디보스가 내게 어떤 의미가 있는 사람인지 이야기해보겠다.

• 그는 항상 시간을 내어 나를 만나거나 내 전화를 받는다. 심지어 중요한 미팅을 하던 중에도 예외란 없다. 대부분 금전적 기회비용을 감수해야 하는데도 말이다.

• 리치와 헬렌은 그들의 모든 물질적인 것을 메릴린, 나, 우리 아이들과 공유했다. 전용 제트기, 요트, 범선, 여름/겨울용 별장 등을 말이다. 또

한 그들은 가장 중요한 선물을 우리에게 선사했다. 바로 그들 자신이다.

- 수년 전, 암웨이 초창기이자 우리 우정이 시작될 무렵 내 아내 메릴린은 암웨이에 전화를 걸어 소화기 2개를 주문했다. 그녀는 암웨이에 아는 사람이 리치밖에 없어서 리치에게 전화를 걸었다. 그는 직접 운전해 시내를 가로질러 가서 이 '대량 주문(?)'을 개인적으로 배달해주었다!

- 우리 아이들은 그를 '리치 삼촌'이라고 부르는데 여기에는 그럴만한 이유가 있다. 그는 하루 종일 제트기로 1,000마일(약 1,610킬로미터)을 이동하는 연설 약속과 회의에 우리 큰아들 스티븐을 데리고 다니면서 옆에 붙어있게 했다. 우리 아들 데이비드가 피곤해할 때(나는 연설 중이었다)는 리치가 호텔로 데려가 침대에 눕혔다.

범선, 모터보트, 수상스키, 트램폴린을 즐기며 하루를 보낸 뒤 우리 딸 패티는 리치 삼촌과 손을 잡고 아이스크림 가게로 걸어갔다. 패티가 조잘거리다가 이런 질문을 던졌다.

"리치 삼촌, 어떻게 이 모든 것을 다 갖게 된 거예요?"

리치는 아이스크림을 함께 먹으며 침착하게 대답해주었다.

- 여러 해 전 아버지를 여읜 리치는 우리 아버지를 자기 아버지처럼 보살피기 시작했다. 전화하고, 편지를 쓰고, 용돈을 드리고, 휴가도 함께 보냈다.

- 리치의 아내 헬렌은 속이 깊고 이해심 많은 아주 특별한 사람이다. 누구보다 이 점을 잘 아는 리치는 고마워하며 헬렌에게 그 마음을 표현한다.

• 그의 아이들 딕, 댄, 세리, 더그는 리치 부부의 인성을 보여주는 증거다. 아이들의 행동을 보면 그들이 엄청나게 사랑받고 있음을 알 수 있다.

• 연회장에서 리치는 자리를 옮겨 다니며 담소를 나누고, 관계를 맺고, 커피를 따라준다. 그는 모든 사람을 편안하게 해준다.

• 나는 그가 사람들의 고충을 듣고 우는 모습을 보았고, 그리스도를 받아들인 영혼을 보며 기뻐하는 모습도 보았다.

• 그는 기도한다. 세리稅吏처럼 용서를 비는 기도가 아니라 복음으로 새로 태어난 것에 감사하는 죄인처럼 기도한다.

• 그의 비즈니스 철학, 마케팅 전문성, 타고난 의사결정력과 경영 능력 덕분에 가스펠 필름스Gospel Films는 전 세계로 사역을 빠르게 해나갈 수 있었다.

내가 멍청한 일을 저질렀을 때 리치는 말했다.

"그건 정말 바보 같은 일이야, Z."

그러고는 나를 일으켜 도움을 주었다. 그 정도로 그는 특별한 친구다. 마치 피를 나눈 형제 같다. 나는 그의 강점과 결점을 안다. 그도 내 강점과 약점을 안다. 그렇지만 우리는 서로를 깊이 사랑한다. 당신이 인생에서 리치 디보스 같은 친구를 한 명이라도 만난다면, 정말 운이 좋은 사람이다. 그는 정직하고 열려있으며 신의가 두텁고 사랑스럽다. 그는 "미안해요. 제가 잘못했습니다"라고 말할 수 있는 사람이자, 강력하게 정곡을 찌르며 "절대 아닙니다!"라고 말할 수 있는 사람이기도 하다.

그를 떠올릴 때면 '빌립보서' 1장 3절 사도 바울의 말씀이 생각난다.

"나는 여러분을 생각할 때마다 나의 하나님께 감사를 드립니다."(새 번역 성경RNKSV 기준 - 옮긴이)

리치는 내 친구, 내 진정한 친구로 나는 그를 생각할 때마다 하나님께 감사드린다. 그는 하나님을 믿을 뿐 아니라 믿는 대로 살아간다. 리치의 믿음은 내 삶과 내 사도직에도 크게 영향을 주었다.

신사 숙녀 여러분, 믿으십시오! 리치 디보스를!

찰스 폴 콘

Charles Paul Conn

Contents

리치 디보스의 **믿음**

Chapter **1**

믿어라!
　　무한한 잠재력을 ….

RICH DEVOS

자신이 원하는 성공을 이루고 싶은 분들을 위한 강력한 믿음의 힘

믿음

Believe!

리치 디보스와 대화를 나눌 때면 거의 항상 듣는 말이 있는데, 바로 "제이와 나는…"이라는 표현이다.

디보스가 이야기할 때마다 자주 등장하는 그 이름의 주인공은 제이 밴 앤델Jay Van Andel로, 그는 디보스의 사업 파트너이자 디보스 인생에서 떼려야 뗄 수 없이 긴밀한 관계를 맺은 사람이다. 그들은 함께 암웨이 코퍼레이션Amway Corporation을 설립했고 또한 함께 대규모로 성장한 회사 운영을 총괄했다. 두 사람의 관계는 단순히 사업 파트너가 아니라 그것을 훨씬 넘어서는 그 이상이다.

둘 다 네덜란드 혈통으로 나이가 두 살 정도 차이 나는 두 사람은 그랜드 래피즈Grand Rapids(미국 미시간주 서부의 도시 - 옮긴이)에서 태어나고 자랐다. 그들은 크리스천 고등학교에 다닐 때 만났다. 이야기에 따르면 당시 밴 앤델에게는 차가 있었는데, 좀 더 어려서 아직 차가 없던 디보스가 등하교 때 차를 태워주면 일주일에 25센트를 내기로 합의했다고 한다.

그렇게 함께 다닌 두 사람은 공통 관심사가 많다는 사실, 특히 두 사람 모두에게 독립적인 사업가가 되겠다는 열망이 있다는 것을 알게 되었다. 각자 공군에서 2~3년을 보낸 뒤 그들은 사업 파트너가 되어 그 열망을 이루고자 했다.

두 사람의 궁합은 환상적이었다. 둘은 회사 CEO로서 책임과 지위를 공유했다. 디보스가 회장직을 맡고 밴 앤델은 이사회 의장직에 올랐다. 그들은 정책 수준의 모든 의사결정을 함께했는데, 암웨이 사람들은 두 사람이 서로 다른 능력과 강점을 상호보완하며 조화를 이루는 모습에 놀라는 일이 많았다.

디보스가 그의 파트너에게 느끼는 존경심은 그의 연설이나 일상 대화에서 끊임없이 드러났다. 그는 이렇게 말했다.

"내가 볼 때 제이는 내가 아는 가장 똑똑한 사람 중 하나입니다. 고등학교 시절 제이는 책 한 번 들여다보지 않고도 A 학점만 받는 그런 학생이었어요. 그의 두뇌는 마치 컴퓨터처럼 정보를 저장하고 처리하죠. 어떤 문제가 있으면 그걸 보고, 평가하고, 장단점을 생각한 뒤 자기 견해를 뒷받침하는 사실을 제시합니다. 정말 놀라운 사람이에요."

암웨이 국제본부 로비에는 디보스와 밴 앤델 동상이 서 있는데, 이것은 암웨이 디스트리뷰터(ABO) 협회에서 그들에게 준 선물이다. 이는 하나의 조각품으로 동상은 각각 하나씩 있어도 그들은 함께 서 있다. 그렇게 토대를 공유하고 재질도 같지만 그들이 서로 뚜렷하게 다르다는 점에서 실제와 잘 맞아떨어진다.

그들은 조각상에서 실제 삶과 마찬가지로 서로 떼어놓을 수 없이 연결되어 있다. 그들이 원한 것도 바로 이런 모습이었을 것이다.

믿어라!
무한한 잠재력을….

    항상 쉬운 목표를 설정하는 사람은 대개 자신이 목표로 하는 것을 이룬다. 하지만 이는 결국 아무것도 이루지 못하는 것과 다를 바 없다.

    삶을 이런 방식으로 살아갈 필요는 없다. 나는 세상에서 매우 강력한 힘 중 하나는 스스로를 믿고 높은 목표를 설정해 삶에서 원하는 것을 추구하며 나아가는 사람의 '의지'라고 믿는다.

"나는 할 수 있다."

    이것은 실로 강력한 힘을 발휘하는 말이다. 그렇다, 할 수 있다. 이 강력한 말을 실제로 누구나 사용할 수 있다는 사실이 놀랍지 않은가. 더구나 이것은 절대다수에게 현실이 될 수 있다.

    말하는 대로 이뤄진다. 사람들은 자신이 할 수 있다고 믿는 것을 그대로 이룰 수 있다. 정신병적 착각 속에 빠져 사는 소수를 제외하면 자신이 이룰 수 있다고 생각하는 것과 현실적으로 가능한 것 사이의 간극은 지극히 작다. 다만 스스로 할 수 있다는 사실을 먼저 믿어야 한다.

    한 가지 분명히 해두고 싶은 것이 있다. 나는 동기부여 분야 전문가인

양 흉내를 내려는 게 아니다. 나는 사람들에게 동기를 부여하는 방법에 관해 일반인이 아는 것 이상의 지식을 갖추고 있지 않다.

그런데도 사람들은 간혹 내게 동기부여와 관련해 의견을 묻는다. 이는 암웨이가 급속도로 성장해왔고 그러한 성공의 중심에 수많은 독립적인 디스트리뷰터(ABO)가 있기 때문일 것이다. 사람들은 궁금해한다.

"누군가는 실패하는데 또 누군가는 성공하는 이유가 무엇일까요?"

또한 나만의 동기부여 '비결'이 있는지 묻기도 한다. 마치 어떤 사람은 망해서 그만두는데 다른 어떤 사람은 매출 신기록을 달성하는 이유가 무엇인지 내가 심오한 통찰력이라도 던져줄 수 있을 것처럼 말이다. 그들에게 실망을 주고 싶지 않지만 사실 사람들을 성공으로 이끄는 나만의 묘수, 요령, 마법의 언어 같은 것은 없다.

내게 특별한 동기부여 기법이 있는 것은 아니다. 다만 나는 한 가지를 강하게 확신한다. 그건 사람은 대부분 자신이 진심으로 '할 수 있다'고 믿는 것은 무엇이든 해낼 수 있다는 사실이다.

목표의 본질이 무엇인지는 별로 중요하지 않다. 젊었을 때 내게는 내 사업을 시작해 성공하겠다는 포부가 있었다. 요즘 표현대로 말하자면 그것이 '내 길'이었다. 나는 대학 졸업이나 세계 일주 여행, PGA 투어에서 활약하는 유명 골퍼, 미시간 입법부 수장이 되는 일 등에는 특별히 관심이 없었다. 당시 내게는 이런 일들이 그다지 매력적으로 느껴지지 않았다. 내 목표는 내 사업을 성공적으로 일구는 것이었고 나는 내가 그 일을 해낼 수 있다고 믿었다.

지금 확인할 방법은 없지만 당시 내 목표가 무엇이었든 결과는 비슷했으리라고 본다. 요점은 우리 삶에서 신념과 노력이 결합할 경우, 그 힘이 영향을 미치지 않는 영역은 어디에도 없다는 것이다.

'나는 할 수 있다'라는 내 개인 철학은 단지 사업뿐 아니라 정치, 교육, 종교 활동, 운동 경기, 예술 등 어떤 분야에든 해당한다. 이는 모든 경계를 넘어서는 철학이다. 이것은 박사학위 취득, 백만 달러 벌기, 5성 장군되기, 처칠 다운스Churchill Downs 경마장에서 우승하기 같은 다양한 업적을 달성하는 데도 가장 중요한 공통 요소다.

내 40대를 돌이켜보면 그 시절 경험 덕분에 강하게 확신하며 사력을 다하는 노력의 가치를 배울 수 있었던 것 같다. 나는 생애 대부분을 제이 밴 앤델과 함께했다. 1959년 제이와 나는 같이 암웨이 코퍼레이션Amway Corporation을 시작했는데 실은 그보다 훨씬 전인 고등학생 때부터 서로 알고 지냈다. 그 시절 우리는 '나는 할 수 있다'라는 철학의 희열을 깊이 느끼게 해준 다양한 경험을 함께했다.

2차 세계대전이 끝났을 무렵, 제이와 나는 항공 산업이 미래의 유망 분야라고 확신했다. 우리는 집마다 차고지에 비행기를 세워두고 수백만 인구가 비행기 조종을 배우는 상상을 했다. 당연히 우리는 항공 산업에 뛰어들고 싶었다.

하지만 우리에게 있는 자금은 몇백 달러에 불과했다. 할 수 없이 우리는 파이퍼 컵Piper Cub(파이퍼 에어크래프트사에서 제작한 경비행기 - 옮긴이) 한 대를 구매해 항공 학교 설립을 준비했다. 그런데 작은 문제가 하나 있었다. 우리 둘 다 비행기를 조종하는 법을 몰랐다!

우리는 거기서 포기하지 않았다. 우선 비행 교육을 담당할 경력 있는 조종사를 강사로 고용했다. 그리고 우리는 교육생을 모집하는 활동에 집중했다. 중요한 것은 우리가 항공 사업을 하기로 결정을 내렸다는 점이다. 그 어떤 것, 심지어 항공 사업에 필요한 기본적인 일조차 몰랐으나 그것이 우리의 열정을 꺾지는 못했다.

강사를 고용하고 교육생들도 등록한 상태에서 우리는 한 번 더 생각지 못한 장애에 부딪혔다. 작은 공항 활주로를 아직 완성하지 못했다는 사실을 알게 된 것이다. 활주로는 그야말로 진흙탕 길이었다.

이번에도 우리는 임기응변 해결책을 찾아냈다. 공항 옆에 강이 흐른다는 사실에 착안해 파이퍼 컵용 부주float를 몇 개 구입해 물 위에서 바로 날아오르는 방법을 택한 것이다. 이는 공기를 가득 채운 폰툰Pontoon형 부유 구조물 위에서 이착륙하는 방식이다(결국 교육생 중 두 명은 육지에서 비행기를 한 번도 착륙해보지 않은 채로 과정을 수료했다!).

우리는 원래 사무실을 활주로에 두려고 했다. 그러다 보니 오픈 시기에 이를 때까지도 여전히 사무실을 짓지 못한 상태였다. 뭐든 방법을 찾아야 했다. 우리는 길 아래편에 사는 농부에게 닭장을 하나 구입해 활주로까지 간신히 끌고 간 뒤 하얗게 페인트칠을 하는 문에 자물쇠를 달았다. 거기에 울버린 에어 서비스Wolverine Air Service라고 거창하게 간판도 내걸었다. 그렇게 우리는 항공 사업을 시작하겠다고 마음먹었고 실제로 그 사업에 뛰어들었다.

이 스토리의 결말을 얘기하자면 우리는 사업에 성공했다. 우리가 소유한 비행기는 12대로 늘어났고 지역 내에서 가장 규모가 큰 항공 회사 중 하나로 성장했다. 우리가 성공할 수 있었던 이유는 단 한 가지, 스스로를 신뢰했기 때문이다.

우리에게는 '할 수 있다'는 강한 확신이 있었고 초반에 몇 가지 장애물을 만났어도 결국 해냈다. 만약 우리가 이 프로젝트에 최선을 다하지 않고 건성건성 시작했다면, 사업의 가능성을 믿지 않고 계속 불안해하면서 포기하고 그만둘 핑곗거리를 찾았다면, 우리의 첫 번째 비행기는 첫 비행을 하지 못했을 테고 울버린 에어 서비스도 이 세상에 존재하지 않았을 것이다.

이 사례는 '시도해보지 않고는 무엇을 이룰지 알 수 없다'라는 기본 핵심을 명확히 보여준다. 사람들은 간혹 이 단순한 진실을 간과한다. 만약 우리가 항공 사업은 안 될 것이라고 주장하는 논리적인 목소리에 귀를 기울였다면 어땠을까? 이 사업을 시도조차 하지 못했으리라.

시작도 하기 전에 포기했을 게 분명하다. 어쩌면 지금까지도 우리가 그 사업에서 성공할 수 없었을 것이라고 여기고 있을지도 모른다. 이루지 못한 위대한 사업 아이디어를 떠들어대면서 말이다.

우리는 그 일을 해냈다. 그 가능성을 믿고 그것을 이루기 위해 온전히 집중한 덕분에 우리는 해낼 수 있었다.

항공 사업 이후 우리는 레스토랑 사업에도 손을 대기로 결정했다. 우리가 잘 아는 분야라서 레스토랑 사업을 고려한 것은 아니었다. 사실은 잘 알지 못했다. 캘리포니아에 가던 중 드라이브인 레스토랑(차로 이동하는 사람을 위해 고속도로의 서비스 지역이나 관광지의 주요 도로를 따라 위치한 레스토랑으로, 매장 앞에 주차하고 자동차 안에서 식사할 수 있다 - 옮긴이)을 처음 접하고 떠올린 아이디어였다.

우리가 아는 한 그랜드 래피즈에는 그와 유사한 형태의 레스토랑이 없었다. 그래서 우리 손으로 드라이브인 레스토랑을 고향에 들여올 기회라 믿었다. 우리는 도전했다. 우선 조립식 건물을 사서 한 사람이 들어갈 수 있는 주방을 만들고 개업 준비를 완료했다. 한데 개업일이 되었어도 전력 회사에서 전기를 연결해주지 않았다.

순간 패닉에 빠졌다. 하지만 우리는 한 번도 개업을 연기해야 하는 것은 아닐까 하고 생각하지 않았다. 마지막 순간, 우리는 발전기를 빌릴 수 있었고 그 조그만 건물 안에 설치한 발전기를 이용해 빠르게 전기를 공급받았다. 레스토랑은 예정대로 오픈했다.

그 작은 드라이브인 레스토랑은 세계 최대 수익을 내는 회사는 아니었으나 우리는 사업을 그럭저럭 유지했다. 제이가 요리하는 날이면 나는 이 차에서 저 차로 이리저리 뛰어다니며 서빙을 했고, 다음 날에는 서로 역할을 바꿨다(생계 유지를 위해 시도하기엔 끔찍한 방법이었다!).

중요한 것은 우리가 아무것도 하지 않은 채 무의미한 대화만 나누지 않고 시작한 일을 실행하는 데 매진했다는 점이다. 우리는 레스토랑 비즈니스를 시작하면 어떨지 몇 년 동안 얘기만 했을 수도 있다. 일어날 가능성이 있는 모든 문제를 일일이 걱정하고 장애요인을 복기하기만 할 뿐 실행까지 가지 못했을 수도 있다. 그랬다면 우리가 레스토랑 사업에서 성공할 수 있을지 절대 알지 못했을 것이다.

이 모든 것이 의미하는 바는 무엇일까? 자신에게 어떤 일을 이룰 기회를 주자! 자신에게 성공이 찾아올 기회를 주자! 용기를 내 경주를 시작하지 않는 한 우승을 기대할 수 없다. 과감히 투쟁하지 않는 한 승리를 기대할 수 없다.

꿈을 품고만 있는 사람의 인생만큼 비극적인 삶은 없다. 꺼질 것 같은 꿈이나 야망을 품고만 있는 사람, 바라고 원하면서도 자신에게 그 일을 이룰 기회를 주지 않는 사람은 결코 불꽃을 피울 수 없다. 안타깝게도 수

백만 명에게는 부업을 찾거나 자기 사업을 시작하는 일이 그처럼 '품고만 있는 꿈'이었다. 암웨이 사업모델은 사람들의 그러한 니즈를 어느 정도 반영해서 기획했다.

다양한 분야에서 혼자만의 꿈을 거의 비밀스럽게 키우고 있는 사람은 그보다 더 많다. 대학원에 진학하고 싶어 하는 교사, 사업 확장을 꿈꾸는 소상공인, 유럽 여행을 계획하는 커플, 프리랜서 작가로서 단편 소설을 쓰고 싶다는 포부가 있는 주부 등 전부 나열하기 어려울 정도다.

꿈은 꾸고 있지만 행동과 노력이 따라야 하는 현실 세계에서 엄두를 내지 못하는 사람, "할 수 있다"라고 말하려 하지 않는 사람, 자신의 꿈을 신뢰하지 않는 사람은 모두 실패가 두려워 실패하는 사람들이다.

이들이 모든 상황을 고려하고 그에 따르는 비용을 계산하고 나면 결국 남는 것은 단 하나뿐이다. 그냥 하자. 도전해보자. 말은 그만하고 일단 해보자.

그 그림을 그릴 수 있을지, 그 사업을 할 수 있을지, 그 진공청소기를 팔 수 있을지, 그 학위를 딸 수 있을지, 그 직책을 맡을 수 있을지, 그 연설을 해낼 수 있을지, 그 경기에서 이길 수 있을지, 그 여자와 결혼할 수 있을지, 그 책을 쓸 수 있을지, 그 수플레(머랭과 다양한 재료를 섞고 틀에 넣어 오븐에서 가열해 부풀린 프랑스 요리-옮긴이)를 구울 수 있을지, 그 집을 지을 수 있을지, 해보지 않는다면 어떻게 알 수 있겠는가!

제이와 함께한 젊은 시절, 우리는 이러한 사고방식에 사로잡혀 있었기에 돌이켜보면 무모해 보이는 일도 행동으로 옮겼다. 새로운 일을 시도하고 싶은 열의와 모든 일이 잘될 것이라는 확신에 차 있던 우리는 "나는 할 수 있다"라는 자신감에 부풀어 있었다.

우리는 대부분 그 일을 해냈다! 그런데 우리가 그 사실을 알기 위해서는 먼저 그 일을 시도해봐야 했다.

우리 둘 다 결혼하기 전, 우리는 책 한 권을 계기로 항해sailing에 흥미를 느꼈다. 카리브해 주변을 항해한 사람이 쓴 책이었는데 거기에는 거친 파도를 헤치는 모험담이 가득했다. 우리는 코네티컷에서 38피트(약 11미터)짜리 낡은 스쿠너(2개 이상의 마스터 모두에 돛이 달린 형태의 범선 - 옮긴이)를 구입해 긴 여행을 준비했다.

미국 동부 해안을 따라 항해에 나서서 플로리다로, 그런 뒤 쿠바로, 다시 카리브해를 쭉 따라가면서 이국적인 섬들을 구경하고 남아메리카에서 여행을 마무리할 계획이었다. 우리는 즐거운 시간을 함께 보낼 예정이었다. 딱 하나 문제가 있다면 우리 둘 다 범선을 타본 적이 없다는 것이었다. 단 한 번도 말이다.

미시간주에 있는 홀랜드에 가서 범선을 탄 어떤 사람에게 항해 운전을 부탁했던 기억이 난다. 그 사람이 물었다.

"왜 내가 운전을 해줘야 하죠?"

내 대답은 간단했다.

"사실, 우리가 38피트짜리 범선을 구입했는데 항해해본 적이 없습니다."

그가 다시 물었다.

"그걸 타고 어디에 갈 계획인데요?"

우리는 남아메리카에 갈 계획이라고 말했고 그는 갑판 위에서 거의 까무러칠 듯 놀랐다. 그렇지만 우리는 할 수 있다고 믿었다.

우리는 우리 배를 타고 속성으로 개인교습을 몇 차례 받은 뒤 한 손에는 책을, 다른 한 손에는 키를 잡은 채 항해를 시작했다. 그런데 출발하자마자 길을 잃었다. 뉴저지에서는 해안 경비대조차 우리를 찾지 못했다.

우리는 밤에 두 번이나 방향 전환을 하지 못해 내륙 습지 어딘가로 깊숙이 들어가 버렸다. 해양 경비대가 꼬박 하루를 수색한 끝에 마침내 우리를 발견했을 때 그들은 믿을 수 없다는 표정이었다.

"이 정도 크기의 배를 타고 이렇게 먼 내륙까지 온 사람은 아무도 없었습니다."

그들은 밧줄을 사정없이 끌어당겨 우리를 바다 쪽으로 끌어냈다.

우리 배는 정말 멋진 오래된 배였는데 상습적으로 물이 샌다는 단점이 하나 있었다. 플로리다에 도착할 때까지 우리는 줄곧 보트 바닥에서 물을 퍼내야 했다. 매일 새벽 3시 정각에 알람을 맞춰두고 일어나 펌프를 켜야 했고, 5시가 될 즈음이면 손으로 물을 퍼내야 할 지경이었다.

하바나에 도착했을 무렵에는 상황이 좀 나아졌다. 우리는 이제 골칫거리가 사라지기를 바라면서 쿠바의 북부 해안 쪽으로 내려가고 있었다. 그러던 중 어느 깊은 밤, 해안에서 10마일(약 16킬로미터) 정도 떨어진 곳에 이른 오래된 스쿠너는 1,500피트(약 457미터) 바다 아래로 가라앉기 시작했다.

처음 우리 시야에 들어온 배는 커다란 네덜란드 선박이었다. 제이와 나, 둘 다 네덜란드 혈통이라 그 배가 우리에게 아름다운 결말을 선물할 것이라고 기대했으나 그 네덜란드 배는 우리를 구조하지 않았다. 그 배에 타고 있던 한 사람이 무선으로 연락해 조난당한 낡은 쿠바 보트 한 척을 발견했다고 보고하고 제 갈 길을 가버렸다. 한 시간 후 뉴올리언스에서 온 미국 선박이 우리를 구조해 푸에르토리코에 데려다주었다.

우리가 거기서 포기하고 집으로 돌아갔을까?

'포기'라는 단어는 아예 머릿속에 떠올리지도 않았다. 우리는 분명 계획과는 다른 방법으로 푸에르토리코에 도착했다. 그렇긴 해도 우리는 그곳에 있었다. 미시간에 있는 고향 사람들은 "이런, 이제 그 젊은이들이 돌아오겠군" 하고 말했다. 우리는 그럴 생각이 없었다. 우리는 보험회사에 연락해 돈을 어디로 보내줘야 할지 알렸고 계속해서 여행을 다녔다. 그렇게 카리브해를 거쳐 남아메리카의 주요 국가들을 지나 마침내 미시간으로 돌아왔다. 예정대로 말이다.

이 여행은 삶과 죽음의 문제는 아니었다. 직업이나 가족만큼 중요한 일도 아니었다. 그저 한 번의 여행, 재미있는 모험, 두 젊은 청년이 세상으로 나아가 세상의 작은 조각을 경험한 시간이었을 뿐이다. 그러나 이 사건은 내게 아주 의미 있는 시기에 일어났다.

한 사람이 인생에서 이루고자 하는 바를 얻는 데 필요한 가장 중요한 요소는 '해내려는 의지'와 '가능하다고 믿는 신념'이라는 확신이 강해지던 순간에 말이다. 그러한 내 신념은 항해하면서 더욱 확고해졌다. 이후 30년 동안 사업을 하면서도 그 믿음은 약해지지 않았다.

왜 그토록 많은 사람이 꿈꾸는 삶을 살지 못할까? 내가 볼 때 가장 큰 이유는 타인의 부정적이고 냉소적인 태도인 것 같다. 여기서 말하는 타인이란 적이 아니라 친구다. 가족도 마찬가지다. 적은 우리를 크게 방해하지 않는다. 적은 대개 우리가 큰 어려움 없이 처리할 수 있다.

반면 친구가 냉소적인 미소를 지으면서 의욕을 떨어뜨리는 말을 하고, 우리의 꿈에 계속 구멍을 내며, 끊임없이 부정적인 울림을 주는 비관론자라면 어떨까? 다름 아닌 친구가 우리를 죽일 수 있다!

예를 들어 어떤 사람이 새로운 일의 가능성을 보고 기대감이 커지는 중이라고 해보자. 그는 돈을 더 많이 벌고, 좀 더 의미 있는 일을 하고, 능력을 발휘해 개인의 한계에 도전할 수 있는 기회를 보고 있다. 영감을 받아 심장이 뛰고 에너지가 솟기 시작한 그는 그 고무적인 새로운 가능성에 뛰어들 준비를 하고 있다.

그러던 어느 날 저녁 그는 이웃에게 우연히 그 이야기를 했다가 "당신은 그 일을 할 수 없을 거예요"라는 말과 함께 비웃음을 산다. 그 이웃은 각종 문제와 장애요인 한 보따리, 현재에 머무는 게 더 나은 이유 50가지 그리고 왜 그가 절대로 그 일을 해낼 수 없는지 풀어놓는다.

그 일을 제대로 알아보기도 전에 그의 열정은 제로에 가까워진다. 그는 매 맞은 강아지처럼 꼬리를 질질 끌며 집으로 돌아온다. 열정과 자신감은 모두 사라지고 심지어 자기 자신을 의심하기 시작한다.

이제 그는 할 수 있는 이유 대신 해낼 수 없는 이유를 생각하기 시작한다. 꿈도 없고 행동하지도 않는 이웃이 던진 부정적이고 조롱 섞인 짧은 몇 마디와 그들의 단순한 불신 탓에 그의 엔진은 식어간다. 그런 친구는 적 한 다스보다 더 해로운 영향을 끼칠 수 있다.

가령 어느 젊은 주부가 스웨터, 모포 등 여러 가지 물건을 뜨고 싶어서 뜨개질 수업을 듣기로 결심했다고 해보자. 그녀는 자신이 직접 뜬 화사한 색깔의 손모아장갑과 옷을 상상하며 책과 바늘, 실을 사서 기초 단계 뜨개질부터 배우기 시작한다.

그런데 일을 마친 남편이 집에 돌아와 뜨개질이 얼마나 힘든지, 잘하는 데 얼마나 오랜 시간이 걸리는지, 얼마나 많은 여성이 시작했다가 그만두는지 그녀에게 이야기한다. 여기에다 "이 불쌍한 사람아, 뜨개질을 잘하긴 어려울 거야"라고 말하며 비웃음이 섞인 특유의 미소를 던진다.

남편과 대화를 다 마치기도 전에 그녀는 자신의 생각보다 남편의 냉소적인 말을 더 신뢰하고 만다.

우리에게 불가능하다고 말하는 사람을 찾는 것이 지구상에서 가장 쉬운 일이라는 사실을 기억하자. 그들은 항상 우리가 최선을 다해 도전하려는 새로운 일에서 가망 없이 실패할 거라고 지적한다. 심지어 표정과 목소리 톤만으로도 그런 뉘앙스를 전달한다.

그들의 말을 듣지 말자! 당신이 1년에 1만 5천 달러를 벌 수 없는 이유를 알고 있는 사람은 자기 스스로 1만 달러조차 벌어본 적이 없다. 보이스카우트에서 이글스카우트(미국 보이스카우트 대원 중 2%만 선발하는 최우수 보이스카우트 - 옮긴이)가 될 수 없는 이유를 대는 사람은 모두 햇병아리다. 학위를 딸 수 없는 이유를 설명하는 사람은 보통 대학 낙제생이다. 사업을 시작하는 것이 왜 어려운지 장애요인을 가장 잘 설명할 수 있는 사람은 한 번도 자기 사업을 해보지 않은 사람이다. 골프 대회에서 우승할 가능성이 없다고 가장 확신에 차서 말해주는 사람은 한 번도 대회에 참가한 적 없는 사람이다.

그들의 말에 귀를 기울이지 말자! 무엇이든 꿈이 있다면 그 꿈을 믿고 실행에 옮겨보자. 자신에게 꿈을 이룰 기회를 주자! 매형(제)이나 형부(제)가, 배관공이, 남편의 낚시 친구가 혹은 옆자리에 앉은 직장동료가 '해낼 수 있다'는 자신의 믿음을 앗아가지 않게 하자. 밤새도록 소파에 누워 텔레비전을 보는 사람이 늘어놓는 "인생 덧없다"라는 푸념에 귀

32

기울이지 말자.

마음속 어딘가에서 꿈을 향한 열정이 타오르고 있다면 신께 감사하고 무엇이라도 시작하자. 나 아닌 다른 누군가가 내 꿈을 날려버리지 않게 말이다.

내 아버지는 노력의 잠재력을 크게 확신한 분이었다. 어릴 때 내가 "할 수 없어요"라는 말을 할 때마다 아버지는 이렇게 말했다.

"'할 수 없다'라는 말은 없단다. 한 번만 더 그런 말을 하면 저 벽에 네 머리를 박아서 박살을 낼 거다!"

아버지가 실제로 그렇게 한 적은 없지만, 나는 아버지가 강조하려 한 바가 무엇인지 절대로 잊지 않았다. 아버지는 내게 '할 수 없다'라는 말이 아무짝에도 쓸모가 없다는 사실을 알려주려 한 것뿐이다.

'할 수 있다'는 믿음을 갖자. 그러면 진짜 할 수 있다는 것을 알게 될 것이다!

일단 해보자. 그러면 얼마나 좋은 일이 많이 일어나는지 보고 깜짝 놀랄 것이다!

리치 디보스의 **믿음**

Chapter 2

믿어라!
　책임 의식의 중요성을….

RICH DEVOS

자신이 원하는 성공을 이루고 싶은 분들을 위한 강력한 믿음의 힘

믿음

Believe!

티모시는 디보스의 개인 보좌관이다. 그의 임무는 리치 디보스를 수행하는 일이다. 아침에 집에서 나와 밤에 귀가할 때까지 그는 끊임없이 디보스 옆에 그림자처럼 붙어있다. 키가 크고 체격이 탄탄한 티모시는 언제나 시골 소년 같은 부드러운 표정에 태도가 유쾌하다. 아마 티모시는 다른 누구보다 디보스를 잘 알고 있을 것이다.

티모시는 지금 그랜드 래피즈에 있는 하워드 존슨스Howard Johnson's 레스토랑에서 테이블에 몸을 기댄 채 커피 한 잔을 마시고 있다. 밖에는 차가운 비가 계속 내리고 있고 그는 모처럼 수다를 떨고 싶은 기분이다.

"네, 저는 제 일이 좋아요. 정말 그래요. 집에 들어가지 못하는 날이 많긴 해도 그럴만한 가치가 있다고 생각해요. 제 아내도 이해해요."

티모시에게 그의 상사 이야기를 듣는 건 어렵지 않았다.

"제가 말할 수 있는 건 디보스는 정말 훌륭한 사람이라는 겁니다. 처음이 일을 시작할 때, 저는 제가 잘 견딜 수 있을지 확신이 서지 않았습니다. 한 사람을 그렇게 가까이하면서 온종일 같이 지낼 수 있을지 말이지요. 하지만 결국 잘 되었지요. 디보스가 아닌 다른 사람이었다면 이 일을 즐기지 못했을 것 같아요. 그건 모를 일이지만요. 어쨌든 리치와 함께하는 지금이 저는 즐겁습니다."

"그는 출장을 많이 다닙니다. 물론 저도 언제나 함께하죠. 그렇지만 저와 교대하는 또 다른 친구가 있어서 한동안 집을 떠났다가 돌아오면 며칠 쉴 수 있습니다."

"아내가 출산을 앞두고 있을 때였어요. 저는 아이가 아들이든 딸이든 그저 건강하기만 바랐지요. 제 마음 아시죠? 그런데 출산 예정일을 일주일 앞두고 디보스가 모레부터 2주간 쉬라고 하셨어요. 출산일에 아내와 함께 있을 수 있도록 일찌감치 배려해주신 거죠. 그런 일을 정말 잘 챙겨주셔요."

디보스가 이성을 잃거나, 무례한 태도를 보이거나, 분노를 표출하거나, 조급하게 굴 때도 있었을까?

"그런 일은 결코 없었어요. 전혀요. 단 한 번도요. 디보스는 그런 유형이 아닙니다. 그는 꽉 막힌 사람이 아니에요. 예를 들어 일이 잘못되거나 누군가가 실수해도 유연하게 대처하는 편입니다. 정말 융통성 있는 사람이에요. 제 말이 무슨 뜻인지 아시죠?"

티모시는 커피를 한 모금 천천히 마시더니 덧붙였다.
"정말 대단하죠. 그렇게 돈이 많고 영향력도 큰 사람인데 같이 일하기가 이토록 편하니 말이지요. 아마 당신은 믿기 힘들 겁니다."

믿어라!
책임 의식의 중요성을….

책임 의식 개념은 에덴동산 시절까지 거슬러 올라간다. 이것은 인류만큼이나 오래된 개념이다. 아담과 이브는 사과를 따 먹고 나서 날이 채 저물기도 전에 자신들이 저지른 행동을 책임져야 했다. 그들은 기지를 발휘해 무화과 나뭇잎으로 문제를 어찌어찌 넘겼지만, 결국 자신들의 행동을 책임져야 한다는 사실을 받아들이고 에덴동산에서 쫓겨났다.

아담과 이브 이야기에서 책임 의식 개념의 기원을 찾을 수 있다면, 카인과 아벨 이야기에서는 자기 행동을 책임지지 않으려 한 사례를 찾아볼 수 있다. 아벨을 죽인 카인은 인류 역사상 처음으로 책임을 어떻게 전가하면 되는지 가르쳐주었다.

여호와께서 카인에게 아벨의 죽음과 관련해 책임을 물었을 때, 살인을 저지른 아벨의 형 카인은 아직도 회피의 정석으로 통하는 답변으로 얼버무리며 대항한다.

"제가 아우를 지키는 사람입니까?"(창세기 4:9)

물론 그 대답은 "그렇다"였다. 맞다. 카인에게는 책임이 있다. 아담과 이브가 책임을 져야 했듯이 말이다. 또한 당신과 내가 자신의 언행에 책임을 지듯이 말이다.

책임 의식이란 자신의 선택과 행동을 온전히 책임질 필요가 있음을 인식하는, 나아가 자기 행위의 결과로 자연스럽게 따라오는 보상이나 처벌을 기꺼이 받아들이는 마음을 말한다. 책임 의식은 사회를 유지해 주는 접착제 역할을 한다. 이것은 사회 구성원들이 책임감을 바탕으로 서로를 대하겠다는 공동 합의다. 또한 책임 의식은 자신의 행위를 두고 누군가에게 설명할 수 있어야 함을 의미한다.

우리는 모두 누군가에게 책임을 다한다. 만약 그렇지 않다면 그래야 한다. 제조회사 직원들은 한 주가 끝날 때마다 시급을 정산해서 받는다. 이는 직원들이 한 주간 각자의 임무 수행을 위해 보낸 시간을 작업반장 Foreman이 책임지는 일이다. 그 작업반장이 일한 시간은 감독관 Supervisor이 책임지고, 그 감독관이 일한 시간은 관리자 Manager가 책임진다. 결국 공장에서 각자가 맡고 있는 부분의 전체 생산성은 CEO가 책임진다. 그러므로 이사회는 CEO에게 책임을 물을 수 있고, 회사에 돈을 투자하고 그에 따른 수익을 기대하는 주주는 이사회에 책임을 물을 수 있다. 의사결정 사다리를 따라 올라가는 각 지점에서 각자 구체적인 관심사는 다르겠지만, 그 과정에 있는 모두에게는 자기 행동을 누군가에게 설명할 의무가 있다. 이는 누구에게나 공통적이다. 주주나 회사의 주인조차 정부에 대응해야 하고 정부는 다시 국민에게 설명할 수 있어야 한다.

책임지는 관계는 돌고 돌아 결국 원점으로 돌아온다.

보석 가게의 창문을 깨고 다이아몬드를 훔친 남자는 법에 따라 심판받아야 한다. 우리는 이를 당연하게 여긴다. 그가 붙잡히면 그는 자기 행동을 책임지고 그 결과를 받아들여야 한다. 마찬가지로 백만 달러를 벌기 위해 열심히 일한 사람, 아름다운 농장을 가꾸려고 애쓴 사람, 학위를 따고자 열심히 공부한 사람에게는 자신의 근면함에 뒤따르는 혜택을 누릴 권리가 있다.

결과는 행동과 불가분의 관계에 있다. 선한 행동을 하면 자연히 보상이 따르고, 악한 행위를 하면 당연히 처벌을 받는다. 두 경우 모두 기본 개념은 '모든 사람은 사회에 책임 의식을 지녀야 한다'는 것이다. 사람은 누구나 자기 행동을 책임져야 한다.

조직화한 사회에서 앞서 말한 책임 의식만큼이나 기본적인 개념은 기브앤테이크Give-and-Take다. 그런데 이 개념은 현대 들어 도전받고 있다. 정확히 누구에게 책임이 있는지 모르겠지만 사람은 자기 행동에 따라 평가받으면 안 되고, 자기 행동을 책임질 필요가 없다는 이론이 점차 지지받고 있다. 어떤 사람은 그 주범이 심리학이라고 말한다.

만약 어떤 아이가 학교에서 공부하지 않고 빈둥거리기만 하면 교사는 그 아이를 낙제시키는 문제를 고려할 수밖에 없다. 하지만 이것은 그 아이의 잘못이 아니라는 주장이 점점 인기를 끌고 있다. 그들은 그 아이가 제대로 동기를 부여받지 못했을 거라며 아이를 비난해서는 안 된다고 주장한다. 잘못은 그 아이에게 있는 게 아니라 교육체계에 있다는 식이다.

고질적이고 상습적인 범죄자도 마찬가지다. 교도소를 들락거리며 인생을 보내는 백해무익한 그에게 어떠한 책임도 묻지 않고, 사회가 그 사람을 그렇게 만들었다고 탓하는 현상이 대세가 되고 있다. 그들의 주장에 따르면 기본적으로 그런 인간을 낳은 사회에 문제가 있기에, 그 사람에게 결자해지를 요구하는 것은 공정하지 않다.

공무원이 대중의 신뢰를 악용해 거짓말하고 사기를 치고 자신의 범죄를 감추는 것은 또 어떤가. 그 사실을 질책받으면 부도덕이 만연한 상태였다거나 상사의 압력 때문에 어쩔 수 없이 불법 행위를 저지를 수밖에 없었다는 등 하소연을 늘어놓으며 자신에게 책임을 물으면 안 된다고 주장한다.

이러한 사고방식 소유자는 흔히 자신이 처한 상황의 책임을 면하게 해줄 가장 가까운 희생양을 찾게 마련이다. 그 주요 대상은 부모다. 대다수 사회기관도 희생물로 제격이다. 그 모든 방법이 통하지 않으면 최후의 카드로 "그 악마가 그걸 하라고 시켰어요!"라고 주장한다.

이러한 핑곗거리를 관통하는 한 가지 맥락은 모두 진실을 가리는 위장막을 치는 행위라는 점이다. 그들은 그 위장막 탓에 지금 곤경에 빠지게 된 책임이 자신에게 있음을 깨닫지 못한다.

몇 해 전 〈타임〉지 커버를 장식한 B. F. 스키너는 최근 반세기 동안 가장 영향력 있는 사상가 중 하나로 손꼽혀왔다. 그는 〈뉴욕타임스〉가 1970년대 가장 중요한 책으로 선정한 《자유와 존엄을 넘어서》를 집필한 심리학자이기도 하다.

이 책에서 스키너는 책임 의식을 부정하는 견해를 상세하게 서술했다. 스키너는 사람은 자기 행동에 책임이 없다고 말한다. 사람은 자신의 환경에 조종당하고 있고 모든 행동은 자신이 처한 상황에서 취하게 된 어쩔 수 없는 결과라는 것이다. 그가 어떤 사람이든 혹은 어떤 행동을 했든 그는 그렇게 할 수밖에 없었다고 스키너는 말한다. '선한' 행위도 상황에 따른 결과에 불과하기에 칭찬할 필요가 없고, '악한' 행위도 처벌해서는 안 된다는 말이다. 사람은 선하지도 악하지도 않은 존재이며 자신이 처한 환경에 따라 행동할 뿐이라는 주장이다.

나는 행동론 학자가 아니고 스키너의 관점이 탄생하게 된 철학적 배경을 잘 아는 권위자도 아니다. 그러나 그 같은 체계가 인본주의 관점에서 아무리 매력적이라 할지라도, 그런 전제 아래 세워진 사회는 결코 제대로 작동하지 않을 것이라고 단호하게 말할 수 있다. 일정 시간이 지나면 그 사회는 제 기능을 발휘하지 못할 것이다.

그러한 시스템 아래서는 어떠한 일도 제대로 끝나지 않는다. 다른 사람에게 책임 의식을 보일 필요가 없다면, 옳고 그름과 무관하게 모든 행동에 똑같이 보상받는다면, 아무도 자기 행동을 책임지지 않는다면, 그 사회는 계속해서 기능을 유지할 수 없다.

책임 의식을 부정하는 이런 극단적 개념을 과연 많은 사람이 적극 옹호하는지 의문이다. 심지어 나는 많은 미국인이 에너지 투입 결과와 무관하게 필요에 따라 보상받아야 한다고 설파하는 사회주의적 혹은 공산주의적 체계에 동의한다는 것을 믿을 수 없다.

그렇지만 많은 사람이 자신의 고난을 다른 사람 탓으로 돌리는 사상의 유혹에 점차 굴복하고 있다. 그들은 자신의 부족함을 다른 사람에게 전가하면서 자신이 처한 상황을 스스로 온전히 책임지려 하지 않는다.

우리가 기억해야 할 책임 의식 원칙 몇 가지가 있다.

첫째, 더 많이 가지면 가질수록 책임 의식도 커져야 한다. 이 말은 타당하다. 《성경》에서도 주어진 달란트가 각각 다른 사람들의 비유로 이 사실을 뒷받침하고 있다. 예수님은 이 이야기로 우리에게 책임 의식(혹은 수탁자의 의무)을 전하고자 한다. 투자할 수 있는 5달란트를 받은 사람은 그 5달란트를 온전히 책임져야 한다.

"많이 맡긴 사람에게는 많은 것을 요구한다."(누가복음 12:48, 새번역)

부·지성·기회 등 우리가 가진 모든 것이 하나님 손에서 나왔다는 사실을 인정한다면, 일할 도구를 더 많이 부여받은 사람이 더 많은 의무를 져야 한다는 사실을 이해할 것이다. 부자는 평범한 사람보다 재정적으로 더 많이 기여할 것이라는 기대를 받는다. 영향력이 큰 인물은 세상에 주는 '영향'이 거의 없는 평범한 사람에 비해 자신이 끼치는 영향에 더 큰 책임이 있다. 머리가 좋거나 어떤 분야의 재능을 타고난 수재는 능력이 제한적인 사람보다 더 큰 책임감을 안고 자신의 재능을 유용하게 써야 한다.

사실 이 원칙은 누구에게나 적용된다. 사람은 누구나 다른 위치에서 인생을 시작하므로 각자 자신이 처한 상황에서 그에 상응하는 책임을 져야 한다. 가령 수입이 소박한 사람은 아무리 그 돈이 별것 아닌 것처럼 여겨져도 그 돈의 쓰임새를 책임져야 한다. 친구가 많지 않거나 대인관계에 소극적인 사람은 그 영향력 범위가 제한적이어도 자신의 태도와 영향력을 책임져야 한다.

헬렌 켈러는 자신이 시청각 장애를 안고 태어났으니 자기 미래를 책임질 필요가 없다고 쉽게 결론지었을 수도 있다. 이번 생은 승산이 없는 패를 갖고 태어났으므로 모두 내려놓고 포기해도 괜찮다고 생각했을 수도 있다. 헬렌 켈러는 그렇게 하지 않았다. 그녀는 자기 인생을 온전히 책임졌고 자신의 한계에 구애받지 않으면서 유익하고 생산적인 삶을 살았다.

빈민가에서 태어나 돈도 없고 의욕도 없는 데다 늘 차별당한다고 느낀다면 어떨까? 어쩌면 "음, 저는 열악한 환경에서 살고 있어요. 그러니 앞으로 제 인생에서 벌어지는 일은 모두 제 탓이 아니에요"라고 말하고 싶은 유혹이 들지도 모른다. 매번 자신의 상황을 태어난 환경 탓으로 돌리면서 자신에게는 포기할 권리가 있다고 결론지을 수도 있다. 하지만 주어진 환경에서 자신이 하는 일을 책임져야 한다는 사실에는 변함이 없다.

암웨이 코퍼레이션Amway Corporation은 대체로 현재의 자기 상황을 스스로 책임지고자 하는 비전 있는 사람으로 구성되어 있다. 전체 경제 규모에서 좀 더 큰 몫을 차지하고 싶어 하는 수많은 사람이 암웨이에 모여 있다.

이들은 더 많은 소득을 올리길 원한다. 지금은 형편상 어렵지만 앞으로는 원하는 일을 즐기면서 살고 싶어 한다. 그래서 그들은 한자리에 눌러앉아 하던 일만 계속하며 물가 인상이나 예전에 일했던 형편없는 회사를 헐뜯고 지금의 처지를 하소연하는 대신, 현재 상황에서 무언가를 해보기로 결정한 것이다.

그들은 매일 저녁 텔레비전을 보는 시간과 토요일 골프 약속, 아니면 그냥 앉아서 아무것도 하지 않으며 유유자적하던 삶을 포기했다. 그 시간에 그들은 암웨이 제품을 전달하고 암웨이 사업을 공유한다. 형편상 지금 하지 못하는 일을 즐길 수 있도록 부수입을 벌기 위해서다. 아주 잘하는 사람도 있고 그렇지 못한 사람도 있다.

중요한 것은 이들이 신세 한탄만 하지 않고 무언가를 시도했다는 사실이다. 바로 이 점이 내가 암웨이 사람들을 좋아하는 이유다. 그들은 자기 처지에 얽매이지 않고 자신의 삶을 책임지며 현재의 위치에서 앞으로 나아가는 사람들이다.

둘째, **누군가가 책임을 져야 한다면 그에게는 선택의 자유가 주어져야 한다.** 책임 의식과 자유는 함께 간다. 자유 없는 책임, 책임 없는 자유는 있을 수 없다.

만약 내가 공장 관리자에게 일정 수준의 생산량 달성을 책임지게 했다면, 그것을 해내기 위해 그가 적합하다고 생각하는 대로 보상을 주거나 보상을 철회할 권한을 부여해야 한다. 그래야 성과를 달성할 수 있다.

만약 내가 아들에게 1,000달러를 주면서 그 돈으로 일 년 동안 돈을 벌어보라고 했다면, 나는 그 아이가 어떤 선택을 하든 스스로 위험을 감수하고 투자할 자유를 주어야 한다.

만약 내가 어떤 사람의 경제적 상황을 두고 책임을 묻는 위치에 있다면, 좀 더 열심히 일한 사람에게 자신이 생산한 것을 토대로 보상받을 수 있는 환경을 제공해야 한다. 즉, 그가 자유롭게 일할 수 있도록 재량권을 주어야 한다.

공산주의 국가는 책임 의식 부재를 자랑으로 여긴다. 그들은 서로 잡아먹고 잡아먹히는 자본주의의 잔인한 압박감을 회피하려 한다. 그들 말에 따르면 공산주의는 모든 사람의 재정 상태를 국가가 통제하는 체제를 제공하므로 개인은 자기 일을 잘하든 못하든 스스로 책임지지 않는다.

러시아 국민이 자기 삶을 책임지도록 하려면 그 나라 정부는 국민에게 돈을 벌 자유, 투자할 자유, 내 삶의 속도를 스스로 조절할 자유, 각자의 일을 알아서 할 자유를 주어야 한다. 국민에게 선택의 자유를 주지 않고 자신의 경제 상태를 스스로 책임지게 하는 것은 불가능하다.

이런 원칙을 가르쳐주는 《성경》 이야기를 한 번 더 해보자. 하나님께서는 모든 인간은 자신의 도덕적 행동을 책임져야 한다고 하시며 인간에게 자유의지도 주셨다. 개인은 하나님을 섬길지 말지, 찬양할지 모독할지 선택할 수 있다. 자기 일을 마음을 다해 수행할지 성실하지 않게 임할지도 개인의 선택이다.

다시 말해 인간은 자유롭게 "독립적으로 자기 일을 할 수 있다." 하나님께서는 그러한 자유를 약속하셨다. 하나님께서는 결코 정도를 걸으라고 강요하지 않으신다. 모든 인간은 자유를 부여받았으니 자기 행동을 책임져야 하고 그 행동으로 하나님께 응답할 수 있어야 한다.

마찬가지로 미국과 미국의 경제 시스템은 시민에게 최대한 자유를 제공한다. 우리는 삶의 모든 영역에서 자유롭게 선택할 수 있다. 미국 정부는 대다수 다른 국가처럼 한 개인이 어디에서 일해야 한다고 강요하지 않는다. 오늘 하던 일을 바로 그만두고, 내일은 다른 일에 뛰어들 수도 있다. 직업을 바꾸기 위해 누군가에게 허락받을 필요가 없다.

자유롭게 돈을 투자하고, 상품과 재화를 사고팔 수 있으며, 오픈마켓에서 거래할 수 있다. 또한 자신의 서비스를 원하는 사람이 있으면 누구에게나 제공할 수 있다. 한마디로 개인이 자신에게 최선이라고 생각하는 방향을 자유롭게 선택해서 나아갈 수 있다.

미국에서는 우리가 원하는 교육을 얼마나 많이, 어떤 형태로 받을지 자유롭게 정할 수 있다. 미국 정부는 이 사람에게는 학교에 다니라고 하고, 저 사람에게는 공장에 가서 일하라는 식으로 지시하지 않는다. 원한다면 어디로든 여행 갈 수 있고, 살고 싶은 곳에 거주할 수 있으며, 원하는 종교를 믿을 수 있다.

그러나 이 모든 자유에는 책임이 뒤따른다. 모든 미국 시민은 누구나 자신이 한 일을 두고 공적을 인정받거나 비난받을 수 있다. 자유와 함께 책임 의식이 필요한 것이다. 자유와 책임 중 어느 하나만 취할 수는 없다.

셋째, **책임 의식은 반드시 평가 과정을 포함한다.** 어떤 의미에서 책임 의식과 평가는 그 뜻이 비슷하다. 한 사람이 자신의 역량 수준 혹은 자신이 수행한 업무의 품질을 책임지기 위해서는 그의 성과를 평가해야 한다.

미국에서 책임 의식 결여 양상을 보여주는 위험한 징조 중 하나는 여러 분야에서 개인의 성과 평가를 반대하는 여론이 거세지고 있다는 점이다. 이 현상은 교육계에서 가장 두드러지게 나타나고 있다. 가령 등급 폐지 정책을 받아들여야 한다고 주장하는 교사와 교육이론가가 늘어나고 있다. 그들은 시험을 못 본 아이가 나쁜 등급을 받으면 당황스러울 뿐 아니라 자신감을 잃으므로 등급을 매기지 말자고 주장한다. 실제로 학교는 하위 등급 아이들이 마음을 다칠까 봐 점점 등급제를 폐지하고 있다.

하지만 안타깝게도 저성과를 암묵적으로나마 정의하지 않으면 우수

성과에 보상할 방법이 없다. 성취도가 낮은 사람을 식별하는 것이 두려워 성취도가 높은 사람을 모른척하면 성과는 전반적으로 점차 하락하고 만다. 이는 최고를 추구하도록 격려하는 인센티브 제도를 폐지하는 셈이다. 이것은 성공이 아니라 실패를 향해 뱃머리를 돌린 것과 다름없다.

결국 우리는 업무 시간을 대부분 저성과 그룹과 보내고, 아이들에게 개인적인 성취에서 정말로 중요한 '최고의 맛'을 보여주지 못할 것이다.

나도 다른 사람들과 마찬가지로 학업 성적이 저조한 학생에게 불필요하게 강한 압박을 가할 필요는 없다고 생각한다. 나 역시 누군가가 부끄러워하거나 당황하는 것을 보고 싶지 않다. 설령 그럴지라도 교사, 공장 감독관, 코치 등 누구에게든 성취도 낮은 그룹을 구분하지 않도록 금지하면 성취도가 높은 그룹에게 보상할 방법이 없다. 또한 누구도 자신이 한 일에 책임 의식을 갖기 어렵다.

많은 교육자가 등급 없는 학교를 제안하는데 이는 그들 자신이 평가받는 것을 꺼리기 때문이다. 교사들이 학생, 동료 혹은 행정담당자가 교사를 평가하는 시스템에 자발적으로 들어가도록 해보자. 아마도 대개는 얼버무리며 회피하는 답변을 받을 것이다. 교사들은 성과 평가가 모호하고 접근하기 어려워서 무의미해지기를 원한다(한 교육학자는 "20년 후에야 교사가 성공적으로 임무를 수행했는지 분석할 수 있다" 라고 주장한다).

이것의 본질은 결국 직접적이고 정기적인 평가로 자기 업무의 질을 책임지는 시스템을 회피하는 데 있다. 이런 형태의 제도에서는 저성과 그룹은 대충 일해도 상관없고 고성과 그룹은 좋은 성과를 낼 목적을 잃는다.

평가 폐지 입장으로 끌려가고 있는 그룹은 비단 학교 교사 집단뿐이 아니다. 다른 분야에서도 그 관점이 살짝 모습을 바꿔 등장하고 있다. 만약 자기 일을 아무리 형편없이 해도 해고할 수 없다면 그런 '고용 안정성'은 책임지는 삶을 회피하는 또 하나의 방법일 수 있다.

회사 구성원 전체의 임금을 자동으로 올리면 개인 역량과 관계없이 전직원이 동일한 보상을 받게 되고, 결국 의미 있는 평가 자체가 불필요해진다. 소수인종이나 소수자 그룹을 일정 쿼터만큼 채용해야 하는 제도도 성과 평가를 무의미하게 만드는 회피책이 될 수 있다.

이러한 트렌드가 계속 이어지면서 학교에서 직접평가를 기반으로 상벌체계를 유지하는 일이 더욱 중요해졌다. 학교는 아이들이 삶을 배우는 곳이다. 삶은 좋든 싫든 자기 행동에 따라 보상이 주어지는 가혹한 체제다. 사람은 뿌린 대로 거두는 법이다. 이것이 인생 법칙이다.

인간은 자기 행동의 결과를 받아들여야 한다. 이는 자본주의의 산물이 아니다. 그냥 자연 법칙이다. 책임 의식이 삶 안으로 녹아들고 아이들이 인과관계와 상벌의 진리, 행동에 따르는 불가피한 결과를 받아들여야 한다는 사실을 더 일찍 깨우칠수록 더 잘살 것이다.

아이가 책임 의식 개념을 못 보도록 가리는 것은 아이를 위하는 길이 아니다. 아이가 잘하든 못하든 똑같이 보상하는 교실, 열심히 하든 농땡이 치든 비슷하게 칭찬받고 꾸지람을 듣는 교실, 최고가 되었어도 아무런 이점이 없고 무성의해도 전혀 불이익이 따르지 않는 안락한 교실을 떠나면 어떻게 될까? 자신을 책임질 준비를 전혀 하지 못한 채 냉정하고 무자비한 삶의 법칙을 마주하게 된다.

이런 상황은 청소년을 돕는 게 아니다. 이것은 우리가 살아가는 사회에도 도움을 주지 않는다. 우리가 그래야 하듯 청소년도 책임 의식의 중요성을 믿어야 한다. 밀고 밀치며 인생을 살아가는 우리는 서로에게 져야 할 책임에서 벗어날 수 없다. 궁극적으로 우리는 하나님을 책임지는 것에서도 결코 벗어날 수 없다.

믿어라!
　　긍정의 힘을 ….

RICH DEVOS

자신이 원하는 성공을 이루고 싶은 분들을 위한 강력한 믿음의 힘

믿음

Believe!

리치 디보스는 암웨이 코퍼레이션에서 개최하는 랠리에 연사로 나서는 경우가 많다. 한번은 미네소타주 남동부의 미니애폴리스에서 랠리를 개최했는데 대회 장소가 흥미롭게도 시청 강당이었다. 시청 강당에서 랠리라니, 이상하지 않은가? 호텔 연회장이나 회의실이 더 적합해 보이는데 말이다. 시청 강당에서? 암웨이 랠리를?

랠리 시작 순간이 다가오자 강당 안은 사람들로 가득했다. 활기가 넘쳐났다. 미네소타 전역과 주변 지역 사람들이 각자 다양한 스타일로 차려입고 나타났다. 친구들을 데려오기도 했고 아는 얼굴이 보이면 큰 소리로 부르기도 했다. 마치 독립기념일 피크닉, 파티, 기념행사, 지역교회의 토요일 밤 합창회 같았다.

이들은 미국의 작은 단면을 보여주었다. 머리는 긴 머리부터 중간 길이 머리와 짧은 머리까지 여러 형태였고 옷차림도 양복, 청바지, 드레스 차림 등 다양했다. 옷은 맞춤옷, 직접 만든 옷, 기성복 등 각양각색이었다. 무엇보다 그곳에 모인 수천 명은 모두 행복하고 들떠있었다. 표정이 어두운 사람은 단 한 명도 없었다.

그들은 모두 그 자리에 와서 기쁜 듯했다. 무언가를 고대하는 표정이 역력했다. 틀림없이 디보스를 기다리고 있을 것이다. 디보스를? 디보스가 연설을 한다고? 여기 모인 사람들이 그걸 기대한다고?

영상 한 편과 몇 개의 짧은 연설이 끝나고 마침내 이런 소개가 강당에

울려 퍼졌다.

"신사 숙녀 여러분, 여러분이 기다리시는 그분…, 바로 리치 디보스입니다!"

강당 안은 아수라장이 되었다. 기립박수가 이어졌다. 이제 그들이 기다리던 사람이 디보스라는 사실이 명확해졌다. 그는 청중에게 실망을 안겨주는 법이 없다. 디보스는 사람들의 환호를 즐겼고 사람들도 그것을 알 수 있었다.

청중의 열광에 힘입은 그는 단지 그곳에 있는 것만으로도 가슴이 벅차오르는 듯했다. 격식은 없다. 연단도 없고 연설문도 없다. 그는 달랑 마이크 하나만 들고 곧바로 본론으로 들어간다. 사람들은 그의 한마디, 한마디를 즐기고 그도 즐긴다. 그를 보러온 청중 역시 이미 그 분위기에 취해 있다.

그는 농담을 몇 번 던지고 살짝 조언도 하고 잠시 다과를 즐기며 15분 정도 숨을 돌린 뒤, 탁월한 성과를 보인 암웨이 디스트리뷰터(ABO)에게 시상한다. 어느새 두 시간이 정신없이 홀쩍 지나가고 디보스는 마무리에 들어간다. 노골적인 설득 작업Hard Sell은 전혀 이뤄지지 않았음을 알 수 있다. 연설 도중 어느 지점엔가 그런 작업이 있었을지도 모르지만 눈치채기도 어렵다. 압박도 없고 강요도 전혀 없다. 그저 펼쳐 보여줄 뿐이다. 그렇게 랠리는 저녁 10시에 끝이 난다.

디보스는 무대 앞쪽에서 사람들과 악수를 나누고 자신을 기다리던 차

안으로 재빨리 들어간다. 몇 분 후 그 차는 공항 게이트를 통과한다. 그곳에 암웨이 전용 제트기가 대기하고 있다. 그는 계단을 뛰어오르며 조종실 승무원들에게 인사를 건네고, 곧이어 미시간 호수 위를 높이 날아올라 그랜드 래피즈를 향해 떠난다.

새벽 1시경 그는 격납고에 도착한다. 아마 새벽 2시쯤 잠자리에 들 것이다. 그리고 오전 9시면 다시 사무실 책상에 앉아 리치 디보스 삶의 또다른 하루를 준비한다.

믿어라!
긍정의 힘을….

우리가 나쁜 일을 예상할 때 실제로 그 일이 일어나는 경우가 얼마나 많은지 느껴본 적 있는가? 내 경우를 보자면 나쁜 일을 예상할 때마다 그 예감이 한 번도 비껴간 적이 없다. 기다리다 보면 언젠가는 내가 걱정했던 일이 일어나고 만다.

나는 그 정반대의 경우에도 똑같은 원리가 작용한다는 사실을 깨달았다. 좋은 일이 일어날 것 같다고 기대하면 꼭 좋은 일이 생긴다. 내가 할 일은 '충분히 오래' 기다리고, 좋은 일이 일어나길 '충분히 강하게' 기대하는 것이다. 그러면 얼마 지나지 않아 내가 바라던 일이 결국 이뤄진다.

인생은 그런 식이다. 인생은 우리의 예측에 화답하는 경향이 있다. 다시 말해 삶의 모습은 우리의 기대에 따라 스스로 변화한다. 심리학자들은 만약 어떤 소년을 자꾸 '도둑'이라 부르면 결국 그 아이는 물건을 훔치게 된다고 이구동성으로 이야기할 것이다. 마찬가지로 만약 어떤 학생이 계속 '멍청이'라는 놀림을 받으면 머지않아 멍청하게 행동하기 시작한다.

어떤 상황을 심각하게 두려워할 경우, 분명 예상만큼 나쁜 결과가 나오고 만다. 인생에서 일어나는 사건은 어떻게든 우리가 기대하는 방향으로 결론이 나는 것 같다. 모든 사람의 인생에는 좋은 일과 나쁜 일, 슬픔과 행복, 기쁨과 고통이 공존한다. 그래서 긍정적이거나 부정적인 생각을 할만한 명분, 웃거나 우는 이유, 축복받거나 저주받은 인생이라고 말할 구실을 충분히 찾을 수 있다.

나는 긍정의 힘을 믿는다! 인생이라는 책을 어떻게 읽을 것인지 그 선택권은 나에게 있다. 나는 긍정적인 대목은 빨간색으로 밑줄을 그어 강조하고 부정적인 부분은 대충 넘겨버려야 한다고 생각한다.

나는 낙관주의자다. 슬픔이 존재한다는 것도 알고, 삶이 온전한 기쁨은 아니라는 사실도 안다. 그렇지만 중년을 넘어선 지금 나는 나쁜 일보다 좋은 일이 훨씬 더 기억에 남는다. 예전 노랫말을 빌려 표현하자면 나는 "긍정적인 부분은 강조하고 accentuate the positive" "부정적인 생각은 없애는 eliminate the negative" 태도를 선택했다.

19세기 초반의 영향력 있는 성직자 중 한 명인 찰스 시몬스 Charles Simmons 는 이렇게 기도했다.

> 불신과 망설이는 견해로 결단력 없이 행동하고 심약한 모습을 보이는 부정적인 성격보다는, 긍정적인 믿음과 긍정적인 생각을 바탕으로 긍정적인 행동을 하는 긍정적인 성격을 제게 허락하소서!

행복하고 생산적인 삶을 원하는 사람에게 긍정적인 시각은 사치품이 아니다. 이는 절대적으로 따라야 하는 원칙이다. 그 이유가 무엇일까? 사람이 인생을 바라보는 방식이 그가 생각하고, 행동하고, 다른 사람과 어울리는 태도를 결정하기 때문이다. 부정적인 생각과 태도는 자가 증식해 실제로 그들이 말하는 암울한 세상이 올 때까지 계속 쌓여간다.

어느 날 나는 기름을 넣으러 주유소에 갔다. 날씨는 화창했고 내 기분도 좋았다. 주유소로 걸어 들어가는데 거기 서 있던 젊은 친구가 다소 예기치 않은 말을 던졌다.

"기분이 어떠세요?"

나는 가볍게 대답했다.

"아주 좋아요."

그가 말했다.

"아파 보여요."

상황 파악을 좀 해보자. 그 사람은 의사가 아니다. 내과 전문의도 아니다. 간호사도 아니다.

그 말을 들은 나는 약간 자신감이 떨어져서 말했다.

"아니, 괜찮은데요. 지금 기분 최고예요."

그가 말했다.

"그래요? 그런데 좋아 보이지 않네요. 안색이 나빠 보여요. 좀 누리끼

리해요."

이런, 주유소를 나간 나는 한 블록도 채 가기 전에 차를 세우고 거울을 보며 내 상태를 확인했다. 집에 도착해서도 나는 내 안색이 창백한지, 황달인지, 뭐 그런 것을 계속 확인했다! 그러고 나서 생각했다. 어쩌면 나는 괜찮지 않을지도 몰라. 간이 나쁜가? 내가 모를 뿐 지금 아픈 것일 수도 있어.

다음번에 다시 그 주유소에 갔을 때 나는 무엇이 문제였는지 깨달았다. 주유소는 온통 칙칙한 누런색 페인트로 칠을 해놓았다. 바로 그 페인트 때문에 그곳을 찾는 모든 사람이 누런 안색을 띠면서 몸이 좋지 않아 보인 것이다!

중요한 것은 전혀 모르는 누군가가 던진 한마디로 인해 그날 내 태도가 바뀌었다는 사실이다. 그는 내게 아파 보인다고 했고 그 이유가 주유소 페인트 색깔 때문이라는 것을 알기 전까지 나는 실제로 내가 아프다고 생각했다! 단 하나의 부정적인 생각이 얼마나 강력한 영향을 미치는지, 그저 놀라울 뿐이다.

또 다른 예를 하나 들어보자. 거의 모든 여성이 딱 한 번밖에 입지 않은 드레스가 옷장 속에 한두 벌 있다고 말한다. 그 드레스를 두세 번 입지 않은 이유는 그 옷을 입었을 때 아무도 칭찬해주지 않아서다. 아무도 알아

봐 주지 않은 것이다.

누구도 다가와 "자넷, 드레스가 정말 예뻐요!"라고 말하지 않았다. 모든 군중이 일어나 환호해줄 것까지는 없지만 한두 사람이라도 "어머, 드레스가 정말 잘 어울려요"라고 말해주었다면, 그녀는 그 옷을 먼지가 쌓이도록 옷장에 처박아두지 않고 닳도록 입었을 것이다.

세상에 긍정적인 추진력보다 더 강력한 것은 많지 않다. 미소. 낙관적이고 희망적인 언어. 상황이 어려울 때 "당신은 할 수 있어요!"라는 한마디. 부정적인 세계에 매몰되지 않고 계속해서 긍정적이고 강인한 것에 관심을 집중하며 모든 일이 잘 풀릴 것이라고 믿는 태도가 바로 그것이다.

미국은 전통적으로 긍정적 관점을 견지하는 국가다. 미국인은 언제나 세상을 긍정적이고 희망적인 곳으로 여기려 하고, 사실이 허락하는 한 자신과 동료 시민을 최대한 호의적으로 바라보고자 한다. 그런데 지난 몇 년간 미국인이 긍정적이고 낙관적인 접근 방식을 잃어가는 것 같아 우려스럽다. 대신 비관적이고 회의적인 염세주의자들이 이 시대의 영웅이 되고 있다.

얼마 전에 알게 된 사실이 하나 있다. 잘 알려진 한 비평가가 어느 대학 캠퍼스에서 현재 모든 것이 잘못되고 있다는 지극히 통상적인 연설을 했는데, 그 연설을 들은 학생들이 일어나 환호를 보냈다는 것이다. 그는 현시대 리더와 제도, 전통을 그저 비난하기만 했는데도 영웅이 되었다.

우리는 비판하고, 흠집을 찾아내고, 우리의 체계와 제도, 대학과 교회를 깎아내리는 데 너무 많은 시간을 허비한다. 그중 최악은 서로를 끌어내리는 짓이다. 꼬투리 잡기에 시간을 다 쓰면 정작 우리 제도와 조직에 피해를 주는 문제를 해결할 에너지와 용기, 힘을 내기는 어렵다.

가령 대학의 결점을 찾는 데만 시간을 투자하는 학생은 학교가 더 나은 쪽으로 변화하는 것을 돕는 데까지는 관심을 기울이지 못한다. 만약 어떤 사람에게 좋은 친구가 있다고 해보자. 그 사람이 친구의 허물만 들추면 그는 그 친구와 건설적인 관계를 맺기도 어렵고 친구가 더 나은 쪽으로 변화하도록 할 수도 없을 것이다.

어떤 경우든 그런 사람은 온종일 흠을 잡는 비평가나 트집쟁이가 된다. 그는 문제를 떠벌리는 데만 열을 올릴 뿐 정작 그 문제를 해결하려는 시도는 하지 않는다. 문제를 찾아내는 것은 어렵지 않다. 문제는 어디에나 존재하게 마련이다. 그 문제에 대응해 이를 해결하고자 애쓴 사람은 무시한 채 그 비평가를 찬양하는 것은 말도 안 되게 부당한 일이다.

뉴욕시 브로드웨이에서 새로운 연극을 시작한다고 해보자. 사람들은 그 연극을 수개월 혹은 수년간 피땀 흘려 준비한다. 투자자를 구하고, 대본을 쓰고, 음악을 만들고, 극장을 대관하고, 배우들은 대사를 외우며 몇 주 동안 리허설을 한다.

마침내 연극을 무대에 올린다. 무대 담당자, 감독, 분장팀, 음악가, 안내원, 커튼 보이 등 수십 명이 그 연극에 자신의 온 힘을 쏟는다. 관객을 위해 특별한 것을 만들어내고자 열심히 노력하면서 말이다.

그런데 군중 속 어딘가에 네다섯 명의 비평가가 앉아있고 만약 연극이 그들의 마음에 들지 않는다면 어떨까? 대개 그 연극은 끝났다고 봐야 한다. 상연 첫날밤 배우들은 브로드웨이 근처의 형편없는 작은 술집에 모여앉아 조간신문이 나오길 기다렸다가 자신들이 잘 해냈는지 혹은 형편없었는지 평가한 평론 기사를 찾아 읽는다.

그들은 알고 있다. 연극이 몇 주 만에 막이 내릴지 아니면 장기 공연으로 이어질지는 그 네다섯 명의 입에서 나온 비평에 달려있다는 사실을 말이다.

우리 사회가 비평가를 영웅으로 추앙하지 않는 한 문제는 없다. 비평가에게도 자기 역할이 있다. 그에게도 정당한 기능이 있고 해야 할 일이 있다. 그러나 비평가가 '헐뜯는 임무'를 다했다고 해서 대본을 쓴 극작가에게 보내는 것 이상의 찬사를 비평가에게 보내면, 이는 잘못된 일에 더 큰 가치를 두는 셈이다.

비판하기는 창조하기보다 훨씬 더 쉽다. 제품 결함을 지적하는 것은 상품을 제작하는 것보다 훨씬 더 쉽다. 무언가를 만드는 것보다 만들어놓은 것을 허무는 일이 훨씬 더 쉽다. 비평가를 숭배하는 것은 우리가 점차 '비판의 나라'를 만드는 꼴이다. 결국 우리는 모두 자신의 전부를 걸고 무언가를 창조하려는 시도를 꺼릴 것이다. 비평가의 조롱에 자신을 노출하기보다 아무것도 하지 않는 편을 택할 것이니 말이다.

그렇다고 오해는 하지 마시라. 나는 우리가 비평가의 역할을 균형감 있게 바라보기만 한다면 그들도 사회에 필요한 존재라고 생각한다. 그러나 일하는 사람이 아니라 일하는 사람에게서 계속 흠을 찾아내는 사람에게 집중하는 것은 정말 최악이다. 이는 문제를 해결하는 사람을 신임하지 않고 그 문제를 지적하는 사람을 칭송하는 상황이다.

내가 아는 한 이것은 불평 전문가로 가득한 국가를 건설하는 가장 확실한 방법이다! 이 접근 방식은 그저 앉아서 개탄할 만한 세상 모습을 논의하며, 문제해결을 위해 뭐라도 해보려는 사람을 저격하는 젊은 세대를 양산하는 길이다.

랠프 네이더Ralph Nader는 자동차를 만들어본 적 없는 사람이다. 그는 현대식 자동차를 천만 미국인이 매년 지불할 수 있는 정도의 합리적인 가격에 공급하도록 대량 생산하는 일이 얼마나 복잡한지 잘 알지 못한다. 집, 남편 혹은 아내와 마찬가지로 자동차의 결함을 지적하는 데는 상당한 지식이 필요하지 않다. 누구라도 흠을 찾아낼 수 있다.

내가 깊은 인상을 받은 것은 자동차의 문제점이 아니라 조립 라인을 거쳐 완성차가 나오는 기적 같은 과정이다. 나는 각종 소음을 견디며 공장에서 일하는 사람들이 대단하게 여겨진다. 또한 전국 각지에서 제작한 부품을 모두 모아 조립하는 방식이 경이롭게 느껴진다.

누군가는 어딘가에서 그릴을 만들고 또 누군가는 엠블럼(국가, 단체, 기업 등을 상징하는 문양으로 자동차 브랜드나 차종마다 고유의 엠블럼이 존재한다-옮긴이)을 만든다. 어떤 이는 좌석 커버를 만들고 또 어떤 이는 차에 들어갈 스테레오 잭을 만든다. 어떤 사람은 전장 설비를 설계하고 또 어떤 사람은 핸들 위에 얹을 금속 조각을 만든다. 부드러운 승차감을 위해 충격 흡수 장치를 테스트하는 사람이 있는가 하면, 전국에 흩어져 있는 공장과 작은 작업장에서 만든 부품들을 모아 조립하는 사람도 있다.

이 모든 노력이 더해져 자동차가 쉴 새 없이 쏟아져 나온다. 이것이 한 시간에 100마일(약 161킬로미터)을 갈 수 있고, 냉난방 시스템에다 다수의 안전장치를 장착하고, 승차감도 훨씬 편안해진 자동차의 모습이다. 그러니까 몇 년 전 사람들이 꿈꾸던 수준 이상으로 발전한 자동차다.

사람들은 대부분 주어진 시간에 자기 임무를 대단히 잘 수행하기 때문에 모든 일은 계획대로 순조롭게 이뤄진다. 스테레오 시스템은 뒷좌석 스피커에 연결되고 시트는 페인트 작업과 조화를 이룬다. 크롬 장식 역시 똑바로 부착하고 각자 모델에 맞는 타이어도 정확히 장착한다.

그렇게 수천 개 부품이 하나로 맞춰져 전체를 이룬다. 가장 경이로운 점은 이 모든 것이 의도한 바대로 작동한다는 사실이다.

나는 이 모든 일을 가능하게 만드는 사람들이 진정한 영웅이라고 생각한다. 섬유유리 타이어 안에 강철 벨트를 넣는 법을 고안한 사람이 영웅이다. 머플러가 과거에 비해 두 배 더 지속되도록 설계한 천재적인 사람이 영웅이다.

랠프 네이더는 틀림없이 좋은 사람이다. 우리 사회에는 그의 역할이 있다. 그는 감시인이자 비평전문가로 주변에 두면 중요한 역할을 하는 사람이다. 그렇다면 과연 그는 우리가 써 내려가는 시나리오에서 영웅인 가? 내가 쓰는 책에서 그는 영웅이 아니다! 내가 생각하는 영웅은 미국에 70년 동안 상품과 서비스를 제공해온 사람들, 즉 회사 경영진, 디자이너, 노동자, 가정주부처럼 도움을 주는 긍정적인 무언가를 해낸 사람들이다. 그들이 없었다면 아무것도 존재하지 않았을 테니 말이다.

그렇다고 내가 랠프 네이더를 싫어하는 것은 아니다. 단지 나는 계속해서 무언가를 깎아내리기만 하는 그의 발언에 질렸을 뿐이다. 그런 사람에게 미디어가 계속 관심을 보이며 자리를 내주는 현 상황이 비관적이고 회의적인 분위기를 만들지 않을까 우려스럽다. 그럴 경우 궁극적으로 창조적이고 낙관적인 사람들은 의욕을 잃고 말 것이다.

만약 '부정적인 시선'을 보내는 사람이 전국적으로 유명한 몇몇 비평가 정도라면 그리 문제될 것이 없다. 그렇지만 때로는 일반인이 그들의 말에 휩쓸려 부정적인 태도를 취할 수도 있다. 그들의 삐뚤어진 인생관이 주유소에 칠해진 칙칙한 누런색 페인트처럼 주변 사람에게 영향을 미칠지도 모른다.

일단 오늘 일터에서, 카페에서 혹은 일하러 가는 길에 탄 버스에서 들려오는 대화에 귀를 기울여보자. 어디에서든 늘 뭐가 어떻다고 미주알고 주알 떠벌리는 사람이 있다. 제일 많이 등장하는 주제가 경제이고, 두 번째는 범죄 문제. 그 밖에도 아이들에게 예의가 없다거나, 텔레비전에서 재방송을 너무 많이 한다거나, 물가가 너무 많이 올라서 먹고살기 힘들다는 그런 이야기들이다.

토머스 셰퍼드Thomas Shepherd는 이런 유형의 사람들을 "재앙 집단"이라 불렀다. 그들은 계속해서 '좋았던 시절'을 그리워하며 그 시간으로 돌아가기를 갈망한다. 과연 그 시절의 삶이 정말로 지금보다 더 나았을까?

150년 전에는 평균 수명이 38년이었고, 주 근로 시간은 72시간이었으며, 연평균 급여는 275달러에 불과했다. 주부들은 일주일에 98시간을 일했고 식기세척기나 진공청소기는 없었다. 일반인의 경우 평생 오케스트라 음악을 들어보지 못했고, 자기가 태어난 고향에서 200마일(약 322킬로미터) 이상 떨어진 곳에 여행을 가기도 어려웠다.

그런 시절이 좋았던 시절인가? 세상이 점점 나아지고 있다는 사실은 인정해야 한다. 우리는 여러 측면에서 앞선 세대보다 더 나은 세상에 살고 있고 앞으로도 필연적으로 많은 점을 개선할 것이다.

최근 나는 미시간 호수로 가는 내 보트에서 고등학생 일행을 만났다. 마침 그때는 우주비행사들이 달에 착륙한 시기였다. 일행 중 한 명이 내게 말했다.

"음, 우주에 가는 건 돈 낭비 같아요. 그 돈을 문제투성이인 이 지구에 썼어야 해요."

나는 그에게 대답했다.

"우리가 사람을 달에 보내는 프로젝트에 4억 4,500만 달러를 썼네. 학생 생각에는 그 돈으로 무엇을 했어야 한다고 생각하나?"

그는 곧장 답했다.

"빈곤을 해결했어야 합니다."

내가 물었다.

"좋아, 그럼 어떻게 빈곤을 해결할 수 있을까?"

그는 잠시 멈추더니 천천히 대답했다.

"글쎄요, 잘 모르겠습니다."

내가 말했다.

"빈곤 문제를 해결하기 위해 얼마가 필요한지, 그 돈을 어떻게 사용할 것인지 내게 말해보게. 그럼 내가 그 돈을 줄 수도 있을 거야."

그는 내게 그 돈이 어디서 나오는지 물었고 나는 간단히 대답했다.

"학생이 내게 해결책을 주면 내가 학생에게 돈을 주겠네. 약속하지."

그렇게 해서 우리는 활기 넘치는 논의를 시작했다. 마침내 그 학생이 모호하고 일반적인 불평을 멈추고 그가 '빈곤 문제'라고 부르는 일에 구체적으로 접근하기 시작했기 때문이다. 그는 단순히 문제를 곱씹어 생각하는 것뿐 아니라 해결책을 고민하기 시작했다.

더 이상 비평가처럼 행동하지 않고 자신을 해결사로 자리매김한 것이다. 덕분에 우리는 그가 우려하는 이슈를 놓고 건전하고 건설적인 논의를 하며 남은 시간을 보낼 수 있었다.

관점을 바꾸는 일은 쉽지 않다. 대개는 상황을 평면적 시각으로 바라본다. 전지적 시점에 도달하는 건 매우 어려운 일이다.

인생의 풍요로움, 사랑, 기쁨 그리고 삶의 희열은 오직 '긍정적인 태도'를 지녀야만 찾을 수 있다. 이 세상은 흥미진진하다. 기회로 가득 차 있다. 행복한 순간이 곳곳에서 우리를 기다리고 있다.

이 세상은 긍정적 시각으로 바라볼 만한 곳이다. 비평가와 비관론자, '아니오No'라는 말 외에는 어휘에 발전이 없는 회의론자, 약점을 짚어내는 재능 덕분에 순간 전문가 혹은 영웅이 되는 비방꾼의 말은 충분히 들어왔다.

나는 긍정적인 생각은 많이, 부정적인 생각은 적게 하는 삶을 믿는다. 나는 삶이 훌륭하다고 믿고 사람도, 하나님도 훌륭하다고 믿는다. 하나님 아래에 있는 미국에서 내가 살아가는 하루하루는 긍정적인 경험이라고 단언할 수 있다.

믿어라!
  자유기업체제를 ….

RICH DEVOS

자신이 원하는 성공을 이루고 싶은 분들을 위한 강력한 믿음의 힘

믿음

Believe!

암웨이 스토리는 꿈에서나 나올법한 이야기다. 이것은 미국의 전형적인 성공 스토리로 아무것도 없이 시작해 말 그대로 하루아침에 백만 달러 회사로 성장한 실제 사례다. 할리우드 영화 스토리처럼 들릴지도 모르겠지만 실제 이야기다.

암웨이 코퍼레이션은 리치 디보스와 제이 밴 앤델이 살던 집 지하에서 탄생했다! 때는 1959년으로 디보스와 밴 앤델은 13년 동안 함께 사업을 해오고 있었다. 이들은 캘리포니아에 본사를 둔 뉴트리라이트사Nutrilite Products Inc.에서 유통을 성공적으로 발전시키다가 1959년 무렵 직접 회사를 차릴 준비를 마쳤다. 두 사람과 그들의 아내가 함께 둘러앉아 암웨이를 준비했다.

이후 스토리는 경이로울 정도로 폭발적인 성장 이야기다. 이 새로운 회사는 지하실에서 시작해 개조한 주유소로 갔다가, 마침내 2에이커(약 2,500평) 상당의 부지에 세운 작은 공장으로 옮겨갔다. 그로부터 15년이 지난 시점에 암웨이 공장은 300에이커(약 37만 평)의 산업 부지에 1백만 제곱피트(약 2만 8천 평) 이상을 차지했다.

암웨이는 수많은 제품을 완전 자동화 설비로 제조하고, 50개의 트레일러트럭 수송단이 전국에 흩어져 있는 대형 창고로 제품을 운송한다. 병, 라벨, 소포 상자 등 사실상 암웨이 소매 영업에 필요한 모든 것을 그 부지에서 생산하고 있다. 그 전반적인 과정은 대형 컴퓨터 센서를 기반으로 매끄럽게 운영하고 있다.

공장에는 생산 인력, 화학 연구원, 회사 변호사, 데이터 분석가 등 직원 약 1,500명이 있다. 공장 내에는 신제품과 품질 관리 연구실, 인쇄 설비와 사진 스튜디오가 있고 모든 품목을 테스트하는 시설도 있다.

회사의 성장세를 이끄는 선두에는 전 세계에서 맹활약하는 독립적인 암웨이 디스트리뷰터(ABO)가 있다. 그들이 창출해내는 성과는 그야말로 눈이 부실 지경이다. 회사 설립 이래 매출액 그래프가 위쪽으로 올라가지 않은 해는 한 번도 없었다.

디보스와 밴 앤델은 전국적으로 열리는 랠리, 컨벤션, 세미나 등에서 끊임없이 디스트리뷰터(ABO)와 소통한다. 회사 사무실은 찬란히 빛나는 암웨이의 사옥 자유기업센터Center of Free Enterprise에서 큰 부분을 차지한다. 이 사옥은 설립 첫해에만 방문객 2만 4천 명을 끌어들였다. 암웨이 경영진은 전담 파일럿과 정비 엔지니어 여덟 명이 함께하는 제트기 2대, 버스, 이름을 적절히 잘 붙인 116피트(약 35미터)짜리 요트 '엔터프라이즈호The Enterprise' 등 다양한 교통수단을 이용해 동분서주하며 전국을 누빈다. 암웨이를 운영하는 캐나다, 영국, 서독, 호주, 홍콩 등지로 출장을 가기도 한다.

암웨이 코퍼레이션은 자유기업체제와 아메리칸드림의 진면목을 보여준다.

믿어라!
자유기업체제를 ….

미국인이 누리는 축복 가운데 사람들이 당연하게 받아들이는 것은 무엇일까? 만약 내가 이 질문을 받는다면 놀랄만한 답변을 내놓을 것이다. 그것은 우리가 숨 쉬는 공기, 매주 예배드리러 가는 교회, 매일 아침 뜨는 태양이 아니다. 가족과 이웃의 사랑도 아니다. 건강이나 정치적 자유도 내 대답이 아니다. 미국인이 삶에 부여받은 가장 숭고한 축복 중 제대로 인정받지 못하는 것은 바로 '자유기업체제'다.

지금 세대에게 '자본주의'는 사실상 천박한 단어가 되어버렸고 이는 대단히 유감스러운 일이다!

안타깝게도 '자유기업체제' '이익' '자본주의' 같은 용어는 가난한 대중이 점점 더 궁핍해지고 있는데도 돈에 혈안이 되어 탐욕스럽게 자기 이익만 챙기는 기업가의 모습을 연상하게 한다. 특히 자유기업체제는 20세기 후반의 만능 희생양이다. 비평가들은 1970년대의 모든 악은 자유기업체제 탓이라고 비난한다.

그들에 따르면 자본주의 때문에 공기와 하천이 오염되고, 자본주의 때문에 사람들이 가난해진다. 또한 자본주의로 인해 전쟁이 일어난다. 그들은 자유기업체제는 악이며 그것이 전체 사회를 오염시킨다고 주장한다.

이 얼마나 무지한가! 이토록 무지하다니, 얼마나 기가 막히고 안타까운 일인가! 사실 자유기업체제는 미국의 경제적 성공을 견인한 가장 위대하고 유일한 원천이다. 혼란한 금세기의 요구에서 살아남도록 도와줄 최고의 희망이기도 하다.

이번 세대 미국인은 다시 한번 자유기업체제를 신뢰하고 지지하며, 이것이 긍정적 축복이라는 사실을 젊은이들에게 가르쳐주어야 한다.

너무 많은 사람이 한 나라의 경제 시스템은 정치, 종교, 기타 문화적 특징과 무관하다고 여긴다. 이는 위험한 오류다. 한 국가의 경제 시스템은 그 밖에 다른 모든 것이 펼쳐지는 배경이다. 다시 말해 이것은 한 나라의 전반적인 삶의 무대다.

많은 미국인이 자유기업체제를 축복으로 생각하지 않는 이유는 이것을 단지 경제학자와 정치과학자가 서로 옥신각신하는 문제로 볼 뿐 그들과는 관계없는 것으로 여기기 때문이다. 그들은 잘 어울리는 색으로 옷을 골라 입고 냉방시설을 갖춘 카펫이 깔린 사무실과 공장에서 일한다. 그리고 고급 승용차를 타고 고속도로를 달려 잔디를 잘 가꾼 넓은 집으로 돌아가 저녁 식사로 스테이크를 먹고 킹사이즈 침대로 쉬러 들어간다.

그러면서도 이 모든 것을 가능하게 해준 체제를 전혀 생각하지 않는다.

여러 채널에서 나오는 뉴스를 듣고, 원하는 교회에 가서 예배드리고, 자신이 가장 마음에 드는 자선 단체에 기부하면서도 사회주의가 더 나은 방식이 아닐까 하는 생각을 한다. 사리사욕으로 가득 찬 정치인들이 잘 알지도 못하면서 괴물처럼 먹고 먹히는 자본주의 체제의 폐단을 질책하는 목소리에 귀를 기울이다가, 그 사람 말이 맞을지도 모르겠다고 생각하기도 한다.

자유기업체제를 한번 믿어보라고 요구하고 싶다. 우리가 그 체제를 신뢰하고, 이해하고, 무엇이 맞고 틀리는지 아는 게 중요하기 때문이다. 간단히 말해 자유기업체제는 사람들이 누리는 자유가 창조주께서 우리를 빚을 때부터 생긴 타고난 권리라는 사실을 인식할 때 생겨난다. 그 자유기업은 (우리의 자유가 그렇듯) 정부의 조직체계 아래 보호받는다.

자유기업체제에서 생산자 혹은 기업가는 자신만의 도구를 소유하고 자기 재산을 투자한다. 또한 스스로 가격을 설정하고 의사결정을 한다. 이들은 대중이 원하는 제품이나 서비스를 소비자가 지불할 용의가 있는 금액에 제공하는가에 따라 돈을 벌기도 하고 잃기도 한다. 그 회사가 범죄 행위를 저지르거나 공공의 이익을 침해하지 않는 한, 정부는 개인이 이익을 추구하도록 내버려두어야 한다.

자유기업체제의 유일한 대안으로 실재하는 체제로는 사회주의와 그보다 더 극단적인 공산주의가 있다. 이 두 가지 체제 아래서는 정부가 도구와 공장을 소유하고 가격을 결정하며 노동자를 고용한다. 그리고 정부가 정한 가격으로 대중에게 상품을 제공한다.

현재 미국은 자유기업체제와 완전한 사회주의의 중간쯤으로 기울어가고 있다. 정부가 기업에 간섭하는 정도가 계속 심해지고 점점 더 많은 규제를 가하면서 의사결정에 영향을 미치고 있다. 나아가 정부 소유의 비즈니스를 늘려가면서 서서히 기업을 배제하고 있다.

경제 시스템을 판단하는 중요한 방법은 '생산적인 결과물이 나오는가'이다. 그 시스템이 대중에게 무엇을 제공했는가? 삶의 질을 얼마나 높였는가? 이 기준으로 비교할 때 자유기업체제는 대안적인 다른 경제 시스템보다 명백히 우수하다. 지난 200년간 미국의 생산력이 세계 그 어떤 나라보다 월등히 높았던 것은 분명한 사실이다. 이는 역사상 어느 경제 시스템보다 더 많은 물질적 재화를 국민에게 제공해왔다.

〈뉴욕타임스〉에서 제시한 수치를 생각해보자. 미국에서 중형 자동차 가격은 100일 치 급여 정도인 데 반해, 모스크바에서는 약 1,000일 치 급여에 준한다. 미국에서 소형 냉장고 가격은 32시간 일한 보수 정도지만, 모스크바에서는 대략 343시간을 일해야 구매할 수 있다. 세탁기의 평균 가격은 미국에서는 53시간 급여와 맞먹는 반면, 소비에트 연방은 204시간이다. 컬러텔레비전 가격은 미국 근로자가 147시간 일한 급여에 준하지만, 모스크바 근로자는 1,110시간을 일한 급여 수준이다.

이런 식으로 끝없이 가격을 비교해도 결과는 같다. 미국의 시스템이 그 대안으로 손꼽히는 사회주의나 공산주의 체제에서 제공하는 것보다 훨씬 더 수준 높은 보상을 제공한다. 그리고 이 방식, 즉 한 개인이 제공한 노동력이 얼마나 많은 수익을 창출하는지는 경제 시스템을 평가하는 궁극의 테스트다. 열심히 땀 흘려 일했든, 경영 혹은 창의적인 기술을 발휘했든 말이다.

미국은 인구가 전 세계 인구의 6%에 불과하고 세계 지표면의 약 7%를 차지하고 있다. 다른 지역과 비교했을 때 미국은 그 규모가 작지만 미국인은 전 세계 자동차의 45%, 전화기의 60%, 라디오의 30%, 텔레비전의 80%를 소유하고 있다! 생산 측면에서 보면 전 세계 철강의 25%, 전력의 40%, 옥수수의 50%, 천연가스의 60%, 소고기의 30%, 알루미늄의 40%를 생산한다! 이 모든 것을 전 세계 인구의 6%가 해내고 있다!

물론 누군가가 미국 자유기업체제의 압도적인 우월성을 보여주는 통계를 인용하면 비평가들은 '삶의 질'이라고 부르는 무언가를 큰 소리로 외치기 시작한다. 그들은 우리가 누리는 모든 유형 재화에도 불구하고 어찌 된 일인지 자본주의 아래서 '삶의 질'이 낮다고 주장한다.

그렇지만 내가 발견한 사실은 사람은 배가 고프면 삶의 질을 고민할 여유가 없다는 것이다. 밤에 따뜻한 집에서 먹고 자려면 일주일에 80시간을 일해야 하는 사람은 양질의 책, 멋진 음악, 심포니 오케스트라, 지적 자극을 주는 환경 등에 관심이 없다. 더구나 목숨을 부지하기 위해 고군분투하며 하루를 보내는 사람은 '삶의 질'을 걱정할 시간조차 없다.

사실 미국은 전 세계 어느 국가보다 언어를 읽고 쓰고 말할 줄 아는 국민의 비율이 높다. 교회를 다니는 인구수도 더 많고 대학 교육을 받은 사람도 많다. 더 많은 미국인이 간신히 생계유지에 필요한 일상적 수요를 넘어 자신의 삶을 풍요롭게 하는 데 시간과 돈을 투자한다.

이 나라의 선진적인 의학 연구기관, 젊은이를 위한 엄청난 여가 프로그램, 병원과 교회, 학교와 박물관, 매달 수백만 달러를 해외로 보내는 기관 등은 모두 자유기업체제 아래 생존 욕구를 충족하고도 남는 충분한 물질적 부를 창출할 수 있기에 가능한 일이다. 러시아는 정부 외에는 누구도 나눠줄 것을 가진 주체가 없기에 공공기금을 모금하는 조직 따위는 존재하지 않는다!

그런데도 자유기업체제는 여전히 비판받는다. 이 시스템에 쏟아지는 또 다른 비난은 부유한 사람, 그러니까 너무 많이 가진 자가 너무 많다는 점이다. 한번은 내가 대학에서 자유기업체제를 주제로 연설하고 있는데, 한 젊은이가 당시 내가 운전하던 캐딜락을 두고 내게 이의를 제기했다. 그가 물었다.

"만약 당신이 정말로 가난한 사람들에게 관심이 있다면, 왜 캐딜락을 포기하고 낡은 차를 타고 다니지 않나요? 단지 당신을 원하는 곳에 데려다줄 수 있는 그런 정도의 차 말이죠."

그 학생은 잘못된 가정을 하고 있다. 부자가 덜 가지면 가난한 사람이 더 갖게 될 거라는 가정 말이다. 실제로는 그렇지 않다. 물질적 풍요를 누리는 사람이 덜 가지면 모두가 덜 갖게 된다. 열차의 맨 뒤 차량이 기관차를 따라잡고 싶다고 기차를 멈추게 하지는 않는다. 부자가 가난해지면 모두가 덜 갖고 만다.

나는 그 학생에게 내가 캐딜락을 구매함으로써 많은 사람에게 일자리를 제공한 셈이라고 설명했다. 내가 가난해진다고 가난한 사람들이 더 부자가 되지는 않는다. 농부가 생산한 농작물의 가격을 덜 받는다고 식품 가격이 더 내려가지는 않는다. 오히려 농부가 싸게 팔면 어떤 이득도 없기에 농작물을 덜 생산하게 되어 가격이 비싸진다.

미국이 가난해진다고 아프리카 최빈국 형편이 더 나아지지는 않는다. 그저 모두가 덜 갖게 되는 것뿐이다. 갖지 못한 자들의 지갑에 더 많은 물질적 풍요를 안겨주는 유일한 방법은 더 많은 재화를 생산하는 일이다. 더 많이 생산하는 유일한 방법은 더 열심히, 더 효율적으로 일하는 사람에게 인센티브를 제공하는 것이다. 인센티브를 제공하면 다른 사람보다 더 많이 버는 사람이 생겨난다. 더 많이 벌기 위해 좀 더 열심히 일하는 사람, 무언가를 좀 더 하는 사람이 있기 때문이다.

가난한 사람이 부자에게 이용당하지 않도록 또는 혹사당하지 않도록 감시하는 것은 국가의 책임이 맞지만, 부자가 덜 가지면 가난한 사람이 더 가질 것이라는 논리는 오류다. 그저 전체적으로 소유하는 것이 줄어들 뿐이다.

'모든 인간은 평등하다'라는 이유로 사회주의를 위대한 시스템이라고 찬양하는 사람들의 말은 어느 정도만 맞는 말이다. 물론 사회주의 체제에서는 모든 인간이 평등하다. 그런데 평등하게 가난하다! 역사가 그것을 보여주고 있다. 이것은 아주 명확해서 반박할 여지가 없다.

미국의 생산성이 다른 체제보다 월등하게 우수한 이유는 무엇일까? 천연자원을 보유해서 그런 것은 아니다. 미국은 천연자원이 풍부하지만 다른 국가들 역시 그와 비슷하거나 심지어 능가하는 경우도 쉽게 볼 수 있다.

미국인이 더 똑똑하거나, 강하거나, 근면해서도 아니다. 이것이 사실이라면 미국인에게는 기분 좋은 일이겠지만 말이다. 미국이라는 나라가 더 오래 존재해왔기 때문도 아니다. 역사가 고작 200년에 불과한 미국은 세계무대에서 사실상 신참에 지나지 않는다. 그럼 도대체 미국의 경이로운 생산성 비결은 무엇일까? 바로 시스템에 있다.

미국에서 개인은 생산도구를 소유할 수 있다. 또한 더 많이 생산한 사람이 적게 생산한 사람보다 앞서나갈 수 있다. 미국 시스템이 그러하기 때문이다. 생산성을 더 올리기 위해 인센티브를 주는 문제는 나중에 다시 다루도록 하겠다. 우선 개인이 도구를 소유하는 것이 얼마나 중요한 일인지 살펴보자.

결국 차이를 만드는 것은 도구다. 도구는 망치일 수도 있고 굴착기, 트랙터 트레일러트럭, 컴퓨터, 컨베이어 벨트일 수도 있다. 인간이 자신의 에너지를 써서 더 많이 생산할 수 있도록 해주는 것은 사람이 사용하는 도구다.

대체로 사람의 에너지, 지식수준, 일하고자 하는 의지는 전 세계에 걸쳐 비슷한 수준이다. 이탈리아인, 인도인, 체코인, 러시아인, 아르헨티나인 모두 그들이 지닌 순수한 에너지와 능력은 아주 유사하다. 그러나 도구가 있는 사람은 도구가 없는 사람보다 더 많이 일할 수 있다.

어떤 사람은 여덟 시간 동안 맨손으로 열심히 구덩이를 팔 수 있다. 곡괭이가 있는 사람은 더 열심히 일하지 않아도 같은 시간 내에 훨씬 더 큰 구덩이를 팔 수 있다. 그러면 불도저가 있는 사람은? 당연히 훨씬 더 큰 구덩이를 팔 수 있다. 그가 더 능력 있는 사람이거나 인간으로서 가치가 더 커서가 아니다. 단지 그에게는 더 나은 도구가 있을 뿐이다.

쟁기를 들고 노새 뒤를 따라 걷다가 하루에 밭 1에이커(약 1,200평)를 가는 스페인 농부와 고성능 트랙터에 앉아 일주일에 1,000에이커(약 120만 평)를 경작하는 캔자스 농부는 크게 다르지 않다. 언젠가 나는 페루에서 등에 목재를 지고 가는 사람들을 봤다. 그들은 등골이 휘어지도록 힘들게 물건을 운반했다. 아마 하루에 100파운드(약 45킬로그램)의 물건을 10마일(약 16킬로미터) 정도 운반할 수 있을 것이다.

우리의 트럭 운전기사는 일단 트랙터 트레일러 운전석에 올라타 좌석을 조정한다. 이어 여덟 시간짜리 녹음테이프를 계기판에 넣고는 수백, 수천 킬로그램에 달하는 짐을 싣고 시속 55마일(약 89킬로미터) 속도로 밤낮으로 고속도로를 달린다. 트럭 운전기사가 더 나은 사람이라서 그런 걸까? 아니다. 다만 그에게는 더 나은 수단이 있을 뿐이다. 덕분에 그는 더 많이 생산하고 결과적으로 더 나은 삶을 살아간다.

도구가 인간의 생산 능력을 얼마나 강력하게 높여주는지 온전히 이해하려면 현대적인 도구 몇 가지만 보면 된다. 현대 기술 덕분에 인간은 한 사람이 수백 명을 능가하도록 해주는 도구를 손에 넣었다. 이토록 강력한 수단이 있는 인간 사회 전체는 그 도구가 없는 노동자 수십억 명에 비해 훨씬 큰 노동력 혜택을 누린다.

예를 들어 미시간주 에이다시에 있는 우리 공장에서는 연무제 용기를 생산한다. 예전에는 한 번에 하나씩 손으로 직접 용기를 테스트했다. 하지만 지금 우리에게는 용기를 생산하는 조립 라인이 있고 초당 3개씩 빠르게 물건을 쏟아내고 있다! 연무제 용기는 눈 깜짝할 사이에 조립 라인에서 쏟아져 나온다. 얼마나 놀라운 도구인가! 또한 암웨이 컴퓨터는 분당 1,100줄의 정보를 인쇄한다. 이것은 비서 한 명이 분당 2,700자 이상을 타이핑하는 것이나 소설 한 권을 3분 내에 타이핑하는 속도와 맞먹는다!

이런 예시를 들자면 끝이 없다. 인간이 원시적인 형태의 삶에서 오늘날처럼 상대적으로 풍요로운 삶을 누리게 된 것이 우리가 소유한 도구 덕분임을 깨닫는 데는 그리 오랜 시간이 걸리지 않는다. 결국 도구 개발과 활용을 최적화하는 경제 시스템이 가장 생산적인 체제다.

미국 경제 재단The American Economic Foundation에서는 도구가 경제에 얼마나 중추적 요소인지 설명하는 공식을 만들었다. 이 공식은 만든 지 이미 오랜 시간이 지났지만 나는 자유기업체제를 이야기할 때마다 이 공식을 반복해서 설명한다. 그 공식은 다음과 같다.

$$MMW = NR + HE \times T$$

여기서 MMW는 인간의 물질적 행복Man's Material Welfare을 말한다. NR은 천연자원Natural Resources, HE는 인간 에너지Human Energy 그리고 T는 도구Tools를 뜻한다. 그러니까 인간의 물질적 행복은 천연자원에 인간 에너지와 도구를 곱한 값을 더한 것과 같다.

모든 인간은 어떤 형태로든 지구에서 물질적 성격을 띠는 천연자원NR

을 얻는다. 그런데 이것은 육체노동이든 정신노동이든 관계없이 인간 에너지$_{HE}$를 바탕으로 사용할 수 있는 형태로 변환해야 한다.

모든 나라가 천연자원을 보유하고 있다. 모든 나라에는 인간 에너지도 있다. 그렇지만 모든 나라가 같은 수준의 물질적 풍요로움을 누리는 것은 아니다. 그 주된 이유는 특정 체제라야 사람들이 도구를 소유하고, 도구를 더 세심하게 다루고, 도구를 좀 더 효율적으로 사용할 수 있기 때문이다. 더구나 그 체제 아래서는 새로운 도구를 개발한 사람에게 추가 혜택을 부여한다. 덕분에 계속해서 더 많은 도구를 개발한다.

사람들은 자신이 소유한 물건은 더 조심해서 다룬다. 그것이 인간의 본성이다. 이 말이 믿기 어렵다면 집을 다른 사람에게 몇 년간 세놓고 그 사람이 집을 얼마나 잘 관리하는지 지켜보자. 그 반대의 경우도 마찬가지다. 대부분 내가 소유한 것이 아니면 잘 관리할 만큼 중요하지 않다고 여긴다.

언젠가 나는 이른 아침에 몇몇 사람과 함께 붐비는 고속도로를 달리며 로스앤젤레스를 빠져나오고 있었다. 스모그가 몹시 심한 날이었고 고속도로는 꽉 막혀있었다. 늘어선 차량 행렬 속에 갇혀 정체가 풀리길 기다리던 우리는 점점 짜증이 나기 시작했고 결국 내가 말했다.

"이봐 존, 끼어들어. 어차피 렌터카잖아!"

만약 내 차가 망가질 수 있는 상황이면 그렇게 쉽게 말하지 않았으리라는 생각이 불현듯 머릿속을 스쳤다. 내 것이 아니면 제대로 관리하지 않는다. 바로 이 부분이 러시아가 지닌 문제점이다. 국가가 각종 도구, 공장, 빌딩 등 모든 생산수단을 소유하다 보니 아무도 관리하지 않는다. 심리학자 앨버트 밴두라Albert Bandura는 이렇게 말했다.

"눈사태가 났을 때, 눈 결정체 한 개는 그 눈사태에 책임을 느끼지 않는다."

국가가 소유한 도구에 우리가 느끼는 책임감도 이와 비슷하다. 모두의 것이면 아무도 책임감을 느끼지 않는다. 이 경우 물질적 풍요의 열쇠인 생산도구를 함부로 사용하고 방치해 그 수명과 효율성이 개인이 소유한 도구의 절반에 불과하다.

두 체제를 비교할 때 도구라는 요소에는 또 다른 측면이 있다. 바로 자유기업체제에서는 새로운 도구를 개발하면 보상을 받는다는 점이다. 당신이 더 나은 쟁기, 더 효율적인 진공청소기, 더 날카로운 가위를 개발하기 위해 지하실에서 밤늦게까지 몇 달 혹은 몇 년을 노력했다고 해보자. 마침내 새로운 도구를 개발했는데 정부가 "대단히 감사합니다. 이제 이 새로운 발명품은 인민의 것입니다"라고 하면서 수년간의 노고와 독창성에 아무런 대가도 지불하지 않고 그것을 가져간다면 당신은 어떻게 반응하겠는가? 당연히 화가 날 것이다.

환멸과 쓸쓸함이 느껴져 앞으로 다시는 새로운 도구를 개발하는 데 시간을 낭비하지 않겠다고 결심할지도 모른다. 다른 사람이 자고, 텔레비전을 보고, 재미있는 시간을 보내는 사이 열심히 일만 한 당신은 아무 대가도 얻지 못했다. 결국 사회주의 체제에서는 새로운 도구를 개발하고 소유할 동기가 짓눌리면서 자유기업체제보다 도구 개발 빈도가 줄어든다.

미국에서는 우리가 새로운 기계를 발명하면 우리가 소유한다. 우리는 그것을 더 높은 가격을 제시하는 사람에게 자유롭게 판매할 수 있다. 아니면 우리가 직접 물건을 제조해서 수백만 명에게 판매할 수도 있다. 어떤 경우든 특허법이 당신이 노력한 결과의 혜택을 누릴 권리를 지켜준다.

우리는 돈을 벌고 이로써 누군가의 생산 효율성을 제고해줄 더 나은 도구의 성과를 공유한다. 이런 이유로 개발자들은 기꺼이 추가 노력을 기울이고, 더 열심히 일하고, 새로운 아이디어를 탐구해 현실화하려 한다. 결과적으로 사회 전체가 점차 생산성이 늘어나 모두가 좀 더 잘살게 된다. 특히 한발 더 나아가기 위해 노력한 사람은 더욱더 잘살게 된다.

자유기업체제는 정말 간단하다. 자신이 선택한 방식으로 비즈니스를 운영할 권리를 얻고, 자신이 일한 대가를 받는 시스템이다. 이 시스템이 위협받는 경우는 정부가 기업가에게 규칙과 규제를 떠안기면서 비즈니스를 어떻게 운영해야 하는지 알려줄 때다. 그럴 때는 대개 상품 생산비용이 증가한다.

요즘 미국에서 사소한 트집 잡기와 불필요한 규제가 범람하면서 개인이 누려야 할 비즈니스 자유가 상당히 제한받고 있다. 이는 정말 커다란 위험

요소다. 정부가 기업 운영에 더 많이 관여할수록 생산수단은 점차 개인이 아닌 정부 통제로 들어가고 만다. 이미 미국에는 석유 산업, 철도와 통신 시스템, 의료체계 등을 정부가 넘겨받으라고 외치는 사람들이 있다.

이런 일이 벌어지면, 다시 말해 이 거대한 산업 국가 생산수단이 국민 개개인의 소유가 아닌 정부의 재산이 되면 그 생산도구는 허비되거나 남용되고 만다.

가령 공공주택을 한번 보자. 30년 이상 건재하도록 지은 빌딩이 5년만 지나면 금방이라도 무너질 것처럼 낡아버린다. 이는 그 주택이 모두의 소유라는 뜻이다. 즉, 누구의 것도 아니라는 의미다.

반대로 만약 내가 어떤 도구를 소유한다면, 내가 그것을 활용해서 얻는 이득을 누린다면, 장담컨대 나는 분명 그것을 잘 관리하고 제대로 사용할 것이다.

결론은 이러하다. 국가가 생산수단을 통제한다는 것은 국민을 통제한다는 것이나 마찬가지다. 이 경우 국민은 노예가 된다. 국가가 국민에게 생산수단을 주지 않으면 국민은 원시인 수준으로 추락할 수 있다. 국가는 언제, 어떻게, 어떤 목적으로 도구를 사용할 수 있는지 규정함으로써 모두의 삶을 통제할 수 있다.

피델 카스트로가 쿠바의 권력을 장악했을 때 그는 재빠르게 생산수단을 장악했다. 젊은이들은 부패한 악당, 자본주의의 돼지 바티스타_{Batista}를 마침내 무너뜨렸다는 사실에 그저 의기양양했다! 이제 '민중'이 사탕수수, 농장, 정제 공장을 소유했다. 모든 일이 달콤하게 느껴졌을 것이다. 그런데 사탕수수를 수확할 시기가 오자 몇몇 학생이 말했다.

"음, 피델. 미안하지만 사탕수수를 자르는 일은 하기 싫어요."

사탕수수를 자르는 것은 분명 힘들고 하기 싫은 일이다. 피델이 말했다.

"형제들이여, 우리 함께 전진해 사탕수수를 자르자."

학생들이 다시 말했다.

"우리는 그러고 싶지 않습니다."

피델이 말했다.

"사탕수수를 잘라야 한다. 그러지 않으면 교도소에 가게 될 것이다."

결국 그들은 사탕수수를 잘라야 했다. 이것이 피델 정권이 쿠바의 경제 활동을 관리해온 방식이고 이는 다른 반자본주의 국가도 마찬가지다. 그들의 생활 수준은 떨어지기 시작했고 가난한 사람은 줄어들지 않았다. 오히려 국민은 점점 더 가난해졌다.

자유기업체제는 다른 어떤 체제보다 훨씬 우수하고 생산성이 뛰어나다. 이는 역사가 분명히 말해주고 있다. 실제로 자유기업체제는 더 많은 상품과 더 나은 조건의 일자리를 제공했고, 적은 노동력으로 더 큰 부를 누리게 했다. 이 체제 아래서 사람들은 자신의 삶을 스스로 통제한다. 또

한 자신이 정한 속도로 생산하며 노동의 대가를 거둬들인다. 우리는 하나님께서 주신 선물인 자유기업체제를 이해하고, 받아들이고, 믿어야 한다.

리치 디보스의 **믿음**

Chapter 5

믿어라!
　인간의 존엄성을 ….

RICH DEVOS

자신이 원하는 성공을 이루고 싶은 분들을 위한 강력한 믿음의 힘

믿음

Believe!

　　　　대규모 제조회사 사장이 공장을 걸어 지나가면 그 행보는 낯선 지역, 때로는 적지로 출격하는 것처럼 느껴진다. 전형적인 사장은 공장 내에 감도는 적대적인 분위기 속에서 아랫사람을 거느린 상사처럼 조립 공정 근로자들 곁을 지나간다.

　그는 경영자고 그들은 노동자다. 그는 비싼 양복을 입었고 그들은 작업복 차림이다. 극명하게 대조적이다. 사장은 대체로 공손함과 가식적 존중을 담은 인사를 받는다. 그를 따스한 마음으로 맞이하는 경우는 드물다. 애정을 보여주는 경우는 거의 없다.

　그러나 리치 디보스와 함께 미시간주 에이다시에 있는 암웨이 공장에 들어선 방문객은 앞서 말한 분위기와 전혀 다른 광경을 마주할 준비를 해야 할 것이다. 암웨이 공장에서는 고용주와 직원들이 서로에게 보여주는 따스함을 느낄 수 있다.

　디보스는 거대한 공장을 이리저리 편안하게 돌아다니면서 직원들의 이름을 부르며 인사한다. 아프다고 했던 친척은 괜찮은지, 새로 산 차는 어떤지 묻기도 한다. 그가 가는 곳마다 직원들은 활짝 웃으며 정감 어린 농담을 주고받으면서 "안녕하세요, 리치" 하고 반긴다.

　맡은 직무와 상관없이 모든 직원이 그에게 아주 자연스럽게 의식적이지 않은 인사를 건네는 모습은 정말이지 놀라운 광경이다. 젊은이든 나이가 지긋한 사람이든, 숙련 기술자든 일반 근로자든 상관없이 그들은 잠시 조립 라인에서 일어나 그와 악수하고 인사를 나눈다.

그 모습을 보면 '여기 사람들은 진심으로 그를 좋아하는구나' '그는 상사라기보다 리더구나' '어떤 이에게는 그저 한 명의 친구구나'라는 느낌이 든다. 그들은 그와 자신이 다르다는 분명한 사실을 의식하지 않고 행동한다. 그런 차이가 아니라 오히려 좀 더 근본적인 유대감을 느끼는 것처럼 보인다.

디보스를 말하자면, 그는 의심할 여지 없이 진심으로 마음속 깊이 직원들을 좋아한다. 암웨이 직원들은 그가 딱 좋아하는 부류인 품위 있고 열심히 일하는 사람들이다. 디보스는 그들을 존경하고 그들과 함께 있는 시간을 즐기고 있음이 분명하다.

키가 작고 나이가 지긋한 한 백발 여성이 의자에 앉아 에어로졸 용기의 뚜껑을 확인하다가 위를 올려다본다. 그녀는 뒤에 디보스가 서 있는 것을 알아차리고 갑자기 미소를 짓더니 그의 손을 꽉 잡는다.

"사무실로 돌아가 일이나 해요, 리치 디보스!"

그리고 치킨 수프를 먹기 싫어하는 아들에게 한 숟가락을 떠주는 헌신적인 어머니의 권위를 흉내 내며 말한다.

"당신과 나, 우리는 여기가 돌아가게 해야 하잖아요!"

직원들 모두가 이렇게 느끼는 것 같다. 리치 디보스, 당신과 내가 이곳이 돌아가게 해야 한다고 말이다. 이것이 실제로 그들이 일하는 방식이다.

믿어라!
인간의 존엄성을….

예전 노랫말 중에 사랑이 "세상을 돌아가게 한다"라는 것이 있다. 구제 불가능한 반反로맨시스트로 불릴지 모를 위험을 무릅쓰고라도 나는 이 노랫말을 살짝 바꾸고 싶다. '세상을 돌아가게 하는 것은 존중이다.' 세상에서 가장 중요한 재화는 인간 개인을 향한 존중심이다.

내가 말하는 '인간 개인을 향한 존중심'이란 그가 취하는 일상의 구체적인 태도와 행동을 존중한다는 의미다. 추상적 의미의 '인간'인 그 사람이 아니라 개인의 상황, 사회적 지위, 얼굴색, 종교적 신념 등과 무관하게 그 사람의 진가와 소중함을 날마다 적극 알아차리고 있다는 얘기다. 나는 지구상의 모든 인간은 하나님의 창조물로 이 땅에 목적을 안고 왔으며, 한 인간으로서 내 존중을 받을만한 가치가 있는 존재라고 믿는다.

하나님의 자녀를 존중하지 못하도록 훼방하는 것은 우리가 사람들을 밀어 넣고 구분을 짓는 체계다. 우리는 누군가를 두고 어느 학교를 나왔는지, 어떤 학위를 취득했는지, 어떤 일을 하는지, 어떤 차를 타고 어디에서 사는지 그리고 억양이 어떤지 이야기한다. 이렇게 좁고 빈틈없는 범주 안에서 상대를 이해하려 한다. 그러다 보니 상대를 지구상에 사는 같은 존재이고 한 꺼풀만 벗기면 형제이자 자신만의 가치와 운명을 지닌 인간으로 못 보는 일이 허다하다.

존중, 이것이 열쇠다. 만약 한 사람을 옷과 돈으로만 평가하면 그 사람을 진정으로 존중하기 어렵다.

우리가 추앙하는 신성한 표식이 하나 있다. 바로 '전문성'이 있느냐 없느냐다. 전문성이 있는 사람은 훌륭하다며 대접받고 그렇지 못한 사람은 불리하다. 온 나라가 고등교육 이수 여부를 중요시해서 대학 학위를 취득하지 않은 사람은 주목받을 가치가 없다고 여긴다.

마치 "당신이 누구인지, 무엇을 할 수 있는지, 당신의 열정이 어느 정도인지, 강점은 무엇인지, 어떤 역경을 이겨냈는지 등은 알고 싶지 않습니다. 우선 대학 졸업장을 보고 싶어요!"라고 말하는 것 같다.

실제 중요도 측면에서 대학 졸업장과 거의 같은 수준으로 과대평가하는 또 다른 분류 체계는 '돈'이다. 쓸모없는 바보도 대학 졸업장을 딸 수 있듯 그런 사람에게 돈이 있을 수도 있다.

분명 학위와 돈보다 사람을 판단하는 더 중요한 요소들이 있지만, 돈이 없고 대학 교육도 받지 못한 사람은 자신의 진정한 가치를 보여줄 기회를 얻기도 전에 뒷전으로 밀려버린다. 그들은 "아무도 날 존중하지 않아!"라는 불평이 전매특허 유행어인 코미디언 로드니 데인저필드 Rodney Dangerfield가 된 듯한 기분을 느낀다.

그들이 그렇게 느끼는 것은 당연하다. 2~3년 전 나는 북부의 한 주지사가 개최한 직업 교육 관련 심포지엄에 참석한 적이 있다. 나는 온종일 박사학위 소지자들, 대학에서 훌륭한 경력을 쌓은 사람들과 자리를 함께했다.

거기에서 나는 실직 노동자를 향한 깊이 뿌리박힌 선입견이 무심코 튀어나오는 무례한 발언을 계속 듣고 있어야 했다. 이 전문가들이 도움을 주고자 하는 바로 그 사람들에 관해서 말이다. 그때 들은 얘기는 대충 이런 내용이었다.

"음, 저는 직업 교육으로 이들을 선진 시민으로 만들 수 있기를 희망합니다."

"아마도 우리는 그를 솜씨 좋은 목수로 키워낼 수 있을 겁니다."

심지어 이렇게 말하는 전문가도 있었다.

"글쎄요, 여전히 그 사람은 그저 배관공에 지나지 않겠지만…."

그야말로 계속 듣고 있기가 지겨울 정도였다. 공교롭게도 그날 밤 내가 연설자로 나서게 되었고 나는 이렇게 연설을 시작했다.

"신사 여러분, 먼저 여러분이 교육하고자 하는 사람들을 존경하는 마음을 기르기 전에는 이 일을 해내기 어려울 거라고 겸허히 말씀드리고 싶습니다. 여러분은 박사학위라는 타워에서 그들을 얕잡아보며, 여러분 관점에서 대학에 갈 만큼 똑똑하지 않은 가난한 자들을 위해 여러분이 사회에서 작은 자리를 찾아주려고 노력 중이군요."

분명히 말하지만 나는 대학 교육에 대찬성이고 돈이 많은 사람과 각종 분야에서 큰 성과를 거둔 모든 사람을 응원한다. 하지만 우리가 이러한 분류법을 만들어 미국인 1억 명에게 사실상 "여러분은 성공을 의미하는 전통적인 상징을 보유하지 못했으니 별 볼 일 없는 존재입니다"라고 말해서는 안 된다고 생각한다.

암웨이 코퍼레이션에도 박사학위를 소지한 화학자, 변호사, 컴퓨터 전문가 등이 있다. 나는 그들이 받은 교육과 전문성의 가치를 인정한다. 의사나 과학자 혹은 그 무엇이 되기 위해 대학과 대학원을 거치며 필사적으로 노력한 젊은이에게 경의를 표한다. 그렇다고 그가 기계를 돌리고 빗자루로 쓸고 공장 생산라인에서 일하는 정직하고 근면한 근로자 1,500명보다 조금이라도 더 낫다고 생각하진 않는다. 나는 자기 일을 제대로 해내는 트럭 운전기사를 존경한다.

비전문직 근로자를 가리켜 "그는 그저 기계공에 불과해" "그저 영업맨일 뿐인데" 등 '그저' 무엇이라는 식으로 말하는 사람을 보면 나는 몹시 화가 난다. 그는 따뜻하고, 배려심 깊고, 매우 복합적인 면을 지닌 하나님 자신의 이미지를 투영한 인간이다. 또한 자부심을 지니고 자기 일을 유능하게 해내는 사람이다.

그는 이 나라의 중추이며 맡은 바 임무를 해내는 사람이다. 그는 우리 사회의 이름 없는 영웅이다. 그가 이뤄낸 모든 일을 생각하면 나는 그야말로 뿌듯함과 존경심으로 가슴이 벅차오른다.

내가 가족과 함께 시골집에서 지내고 있던 어느 여름, 우리는 지금까지 봐온 환경미화원 중에서 최고를 만났다. 그는 정말 놀라웠다. 새벽 여섯 시 반이면 그는 어김없이 나타났다. 어찌나 정확한지 그 시간에 시계 시간을 맞춰도 될 정도였다.

그는 제자리에 떨어질 것을 기대하며 쓰레기통을 던지거나 트럭 쪽으로 대충 끌어다 놓지 않았다. 쓰레기통을 비운 후에는 뚜껑을 팽개치듯 던진 후 닫혔는지 확인하는 것이 아니라, 항상 뚜껑이 제자리에 들어맞도록 조심스럽게 닫았다. 그는 사람들이 아직 자고 있다는 것을 알고 조용히 일했으며 모든 것을 빠르고 깔끔하게 해낸 뒤 다음 집으로 옮겨갔다.

어느 날 아침, 일찍 일어난 나는 옷을 챙겨 입고 나가 그가 들어오는 걸 지켜봤다. 새벽 여섯 시 반이었다. 그가 우리 집에 도착했을 때 나는 "안녕하세요. 당신이 얼마나 멋지게 일하는지 말해주고 싶었어요"라고 말했다.

그는 아무 말도 하지 않았다. 그냥 나를 한 번 쳐다보고는 걸어 나갔다. 아무런 대꾸조차 하지 않았다.

다음 주 아침에도 나는 그를 기다렸다. 그가 우리 집 쓰레기통을 싣는 것을 지켜보고 나서 다시 말했다.

"저기요, 정말 훌륭하세요. 저는 이렇게 일을 잘하는 분을 본 적이 없어요."

그가 나를 보고 물었다.

"안녕하세요. 지금 들어오셨어요? 아니면 벌써 나가시려고요?"

나는 그에게 일을 정말 잘한다고 말해주고 싶어서 일어났다고 대답했다. 그러자 그는 고개를 흔들고 가버렸다.

남은 여름 동안은 그곳을 떠나서 지낼 예정이었기에 나는 세 번째 주에도 그를 기다렸다. 그가 왔을 때 내가 말했다.

"당신이 하는 일에 제가 얼마나 감사함을 느끼는지 아직도 말해주고 싶어요."

마침내 그가 환한 미소를 지으며 말했다.

"그거 아세요? 제가 12년 동안 쓰레기를 날랐는데요. 음, 12년간 아무도 제게 감사하다고 말해준 사람이 없었어요. 제 상사조차 제가 일을 잘한다고 말한 적이 없습니다. '감사해요'라는 말을 건넨 사람은 이제껏 한 명도 없었어요!"

그는 미소를 지었고 믿을 수 없다는 듯 다시 고개를 흔들며 트럭으로 걸어갔다.

존경받아 마땅한데 한 번도 존경받지 못한 좋은 사례가 아닌가! 한 회사 회장으로서 나는 매일 내가 이런저런 일을 얼마나 잘했는지 듣는다. 내가 특별히 잘하든 아니든 내 자아는 자신감을 얻고 내 자만심은 부풀어 오른다.

의사나 교수 혹은 정치인이 자기 일을 잘하면 각종 칭찬이 듣기 좋게 울려 퍼진다. 사실상 그 사람은 차고 넘칠 정도로 존경받는다. 그런데 12년 동안 열심히 일하며 자신의 임무를 잘 해낸 그 환경미화원은 격려나 감사의 말을 한마디도 듣지 못했다. 미성숙한 청년과 신분을 중요시하는 친척, 이웃에 사는 신흥부자 들은 그를 포함한 수백만의 노동자를 두고 "음, 그는 환경미화원일 뿐이야"라고 말할 것이다.

일반적인, 평범한, 보통의 미국인이라면 그에게 문제가 있고 결점이 좀 있어도 개인으로서 혹은 생산적인 시민으로서 존경받을 가치가 있다. 물론 미국인에게도 문제는 있다. 미국에는 범죄도 있고 복지 사기나 부당 거래도 있다. 게으르고 일하지 않으며 신뢰할 수 없는 사람도 있다.

그렇지만 8천만 미국인이 오늘도 일하러 갔다! 오늘도 이 나라의 공장은 돌아가고 있다. 은행과 상점은 오늘도 영업 중이다. 믿고 의지할 수 있는 사람들이 그 돈을 다루고 있다. 온 국민이 오늘도 일터로 나왔고 레스토랑, 약국, 공항, 학교에서 서비스를 제공하고 있다.

아픈 사람도 있고, 아직 숙취에 시달리는 사람도 있고, 아이가 아픈 사람도 있다. 그러나 그들은 자기 자리에 있다. 상공업 전체, 은행, 금융,

병원, 경찰, 서비스 기관 모두 오늘도 돌아가고 있다. 시간을 맞춰둔 알람 시계, 연료를 미리 넣어두거나 자전거를 문 앞에 세워둔 사람들 혹은 다른 누군가가 운전하는 오래된 지하철을 탈 준비를 하는 사람들을 생각해보자.

눈이 와도, 폭우가 쏟아져도 전국을 이리저리 누비는 버스를 떠올려보자. 오늘도 수천 개 생산라인이 작동하고 몇 주 후면 당신의 책상 위나 아이들의 발밑에 상품이 놓일 것이다. 라디오나 텔레비전을 켜면 당신을 위해 시간을 알려주고 음악을 들려주는 사람이 있다. 당신을 어딘가로 데려다줄 자동차에 기름을 넣도록 수천, 수만 개 주유소에서 사람들이 당신을 기다리고 있다.

분명히 말하건대 우리가 사는 이 세상은 빠르게 움직이고 고도로 효율적인 사회다. 그런 이 사회가 계속 돌아가도록 열심히 일하는 사람들에게 우리는 경의를 표해야 한다!

나는 수년간 리더십과 훌륭한 리더의 자질이라는 주제를 곰곰이 생각해왔다. 내가 도달한 결론은 '타인 존중'이 훌륭한 리더의 첫 번째 자질이라는 점이다. 만약 내가 하던 일을 넘겨받을 누군가를 하룻밤 만에 가르쳐야 한다면 나는 구체적인 암웨이 비즈니스 내용이 아니라 그와 함께 일하는 사람들, 그를 위해 일하는 사람들을 존중하는 일이 얼마나 중요한지 이야기할 것이다. 온 시간을 다 할애해서 말이다.

많은 사람이 진정한 리더는 '사람 존중'에서 시작된다는 사실도 알지 못하면서 리더 자리에 올라가길 열망한다. 재능과 지성, 근면함만으로는 리더가 될 수 없다. 자신이 이끌어야 하는 사람을 존중하지 않고 효과적인 리더가 되는 것은 불가능하다.

모두가 최고 위치에 올라가고 싶어 한다. 그런데 훌륭한 리더가 되어 팔로워Follower(리더를 따르는 사람 - 옮긴이)의 존경과 애정을 받는 사람은 그도 팔로워만큼 진심으로 깊이 팔로워를 존중한다는 사실을 많은 사람이 알아차리지 못한다.

리더십은 그냥 주어지거나 당연히 인정받을 수 있는 게 아니다. 사람들이 리더로 받아들이지 않는 한 그는 리더가 아니다. 그는 상사일 수 있고 주인일 수도 있지만, 그렇다고 리더인 것은 아니다.

물론 독단적인 방법으로 사람들 위에 군림하는 자리에 오르거나 각종 권위적인 수단을 써서 사람들을 통제할 수는 있다. 그렇지만 리더십은 지휘권을 갖는 것, 기술적으로 옳은 일을 하는 것 이상을 의미한다.

리더십이란 사람들이 따르고 싶은 사람이 되는 것을 말한다. 세상은 사람들을 관리하는 사람으로 가득하지만 정작 진정한 리더는 찾기 어렵다. 리더십은 사람을 기반으로 일을 완수한다는 뜻을 내포하고 있으며, 그 과정에는 상호 존중이 꼭 필요하다.

사람들은 있는 그대로의 자신을 존중해주는 사람을 어떻게든 알아본다. 그들은 항상 그런 리더를 따른다. 존중하는 마음을 표현하는 방식은 여러 가지겠지만 마음이 있으면 언제든 전해진다.

2차 세계대전 당시 미국에는 아이젠하워와 패튼이라는 두 명의 서로 다른 장군이 있었다. 아이크Ike(아이젠하워의 애칭-옮긴이) 장군은 친절하고 부드러운 이미지의 리더, 패튼 장군은 혹독하고 매몰차게 밀어붙이는 이미지의 리더였다. 패튼은 거칠고 고집이 세긴 했으나 자신의 휘하 군인들을 유능한 전사로서 존중했다. 표현은 거칠어도 군인들을 존중하는 패튼의 마음이 그를 훌륭한 리더로 만든 것이다.

팔로워를 존중한다는 것이 부드러운 태도를 보이거나 까다롭지 않은 요구사항을 제시한다는 뜻은 아니다. 그것은 한 개인으로서 그들이 맡은 일을 해낼 수 있고 또 해낼 것이라고 진정으로 믿어주는 것을 의미한다. 리더가 자신이 그 일을 잘 해낼 것이라고 믿는다는 사실을 아는 사람은 그 기대에 부응하기 위해 인간으로서 할 수 있는 최선을 다한다.

내가 생각하는 나만의 '무기'는 언제나 세일즈 기술이었다. 나는 평생 세일즈와 관련된 일을 해왔는데, 많은 사람이 이것을 가치 있는 직업으로 여기지 않고 오히려 얕잡아 본다는 사실에 항상 놀라곤 한다. 세일즈맨을 존중하는 사람이 거의 없다 보니 세일즈맨 자신도 스스로를 존중하지 않는다. 심지어 "아, 그냥 세일즈맨이군요"라는 식의 비아냥에 자신감을 잃고 자신이 하는 일을 창피하게 여긴다.

앞서 말했듯 암웨이에는 수많은 독립적인 디스트리뷰터(ABO)가 있다. 그들의 리더로서 내 첫 번째 임무는 내가 그들에게 느끼는 진정한 존경심을 전하는 일이다. 나는 내 존경심이 그들과 그들이 하는 일에 영향을 주기를 바란다.

자기 자신을 나이 들고 형편없는 세일즈맨이라고 생각하는 사람은 대개 나이 들고 형편없는 세일즈맨처럼 행동한다. 그는 행복하지도 않고 많이 팔지도 못할 것이다.

대학 학위가 흔하고 사회적 지위에 강하게 집착하는 이 시대에는 "저는 세일즈맨입니다"라고 간결하게 말할 수 있는 사람, 다른 사람들이 자신을 존중하지 않는다는 사실에 흔들리거나 영향을 받지 않는 사람이 필요하다. 왜 그럴까?

많은 사람이 자신은 잘났기 때문에 '판매'를 할 수 없다고 생각한다. 미국에서 벌어들이는 모든 돈은 누군가가 어디에서 무언가를 판매한 덕분이라는 사실을 잊은 것이다. 제품이든 서비스든 모든 수익은 판매가 창출한다. 다행히 나는 세일즈 기술을 하찮게 여기지 않는 가정환경에서 자랐기에 무언가를 팔면서 스스로 자존심을 갉아먹는 일은 없었다.

사람들이 판매하는 일을 두고 이야기하는 내용을 한번 들어보자. 가장 자주 하는 말은 대체로 이러하다.

"아, 뭔가를 팔려고 애써야 하는 게 그냥 싫어."

"누군가에게 뭔가를 팔려고 노력하는 건 정말 죽을 맛이야."

무엇이 문제인지 알겠는가? 자존심이다. 사람들에게 물건을 사라고 부탁하는 것을 싫어하는 단순한 자존심이 문제다. 이는 세일즈 기술을 존중하지 않기 때문이다.

암웨이 디스트리뷰터(ABO)는 세일즈 기술을 경시하는 일반적인 태도 외에 개인 대 개인으로 만나는 세일즈맨에게 보이는 멸시와도 싸워야 한다. 나는 내게 이렇게 말하는 사람을 만난 적이 있다.

"아, 암웨이요? 그 방문판매하는 거 말이죠?"

나는 곧바로 대답했다.

"네, 맞아요! 우리는 개인별 서비스를 제공하는 회사입니다."

우리는 고객이 줄을 서도록 하기보다 개인별 서비스를 제공하는 편이 훨씬 경쟁력이 있다고 본다. 우리는 이것이 잘못되었다고 생각하지 않는다. 나는 고객이 상품을 구매하려고 교통체증을 뚫고, 붐비는 주차장에 차를 세우고, 눈비 속을 달릴 필요가 없게 도와주는 일을 하는 사람을 존경한다. 나는 고객의 문 앞까지 상품을 가져다주는 사람을 존경한다. 그 사람이 자신이 제공하는 서비스의 가치를 존중한다면 그는 칭찬받아야 마땅하며 무시당해서는 안 된다.

나는 지금이야말로 우리가 상대를 헐뜯거나 방해하지 않아야 할 때이며, 이 그룹 저 그룹을 저격해 트집 잡고 언쟁하는 옹졸한 행위를 그만둬야 한다고 믿는다. 지금은 우리와 자녀의 삶이 더 나아지게 해주는 일을 해야 할 시점이다. 이제 서로를 깎아내리는 행동을 멈추고, "내 일이 당신 일보다 낫지"라며 목소리를 높이지도 말고, 그룹 간에 우월 의식을 보이려 애쓰지도 말아야 한다.

당신은 내 상황을 이해하고, 내 장점을 보려 노력하고, 내가 약간의 지성과 기본예절을 갖췄다는 점을 인정할 수 있다. 간단히 말해 내게 존경심을 보여줄 수 있다. 그러면 나는 그보다 더 나은 사람이 될 것이다. 나역시 당신에게 똑같이 인간적인 존경심을 보낼 수 있고, 당신도 더 나은 사람이 될 것이다. 하나님은 우리가 이런 방식으로 서로에게 잘해주고, 서로를 더 단단하게 해주며, 함께 잘 지내기를 원하시는데 그 모든 시작은 '존중'이다.

내 아이의 코를 닦아주고, 아이가 부츠를 잃어버렸을 때 찾는 것을 도와주고, 아이들의 소란스러움을 견뎌내는 교사에게 5분 정도라도 투자해 감사 인사를 전한 지가 얼마나 되었는가? 당신에게 속도위반 딱지를 건넨 경찰관에게, 매일 귀찮은 일을 힘들게 처리하는 그에게 감사 인사를 전한 게 언제인가? 경찰관이 당신에게 그런 존중의 표현을 들은 것이 언제였던가?

교회에서 돈도 받지 않고 20년 동안 불평 없이 자기 소임을 다한 안내원에게 감사 표현을 전한 것이 언제가 마지막인가? 출마했다가 낙마한 정치인 후보에게 마지막으로 감사 인사를 쓴 것은 언제였나? 민주주의를 실현하기 위해 기꺼이 모든 것을 건 그에게 단지 감사 표현을 하기 위해 말이다. 당신은 매일 아침 들러 커피를 마시는 카페 점원에게 고객 만족을 위해 늘 열심히 일해주어 얼마나 감사한지 자주 인사를 전하는가?

당신의 친구, 고객, 클라이언트나 동료, 매일 당신과 가까이 지내는 사람들, 그들과의 우정 그리고 당신 삶을 더 윤택하게 해주는 누군가의 노고나 특별한 기술을 생각해보자. 당신이 있는 그대로의 그들 모습을 존경한다는 사실을, 당신이 그들의 삶과 일하는 방식을 얼마나 존경하는지를, 그들 중 과연 몇 명이 알고 있는가?

당신은 그들을 존중한다. 당신에게는 그들이 필요하고 여러 가지 면에서 그들을 존경한다. 그렇다면 그들에게 말하고 보여주자. 그 존중심을 그들에게 보여주자. 자유롭게 당신의 마음을 보여주자. 그것이 세상을 움직이는 힘이다!

믿어라!
　　미국을 ….

RICH DEVOS

자신이 원하는 성공을 이루고 싶은 분들을 위한 강력한 믿음의 힘

믿음

Believe!

암웨이 조직 초창기에 리치 디보스는 여성 회계사 그룹을 대상으로 연설해달라는 요청을 받았다. 본래 비즈니스를 주제로 연설하기로 했으나 그는 그 행사에서 좀 더 중요하게 느껴지는 다른 주제가 떠올랐다고 회상한다. 그는 학부모-교사 미팅이나 키와니스 클럽Kiwanis Club(한 어린이와 하나의 공동체를 한 번에 하나씩 변화시키고자 하는 범세계적 자원봉사단체-옮긴이) 등 특정 그룹 사람들이 모인 자리에서 연사가 미국이 얼마나 형편없는 상태에 처해있는지 얘기하는 일에 질려가고 있었다.

당시는 1960년대 초반이었고 러시아를 비롯한 공산주의 국가들과 여전히 냉전이 계속되고 있었다. 몇 달 후 쿠바의 미사일 위기가 찾아왔고 미국인은 우울하고 비관적인 상태였다. 그래서 디보스는 여성 회계사 미팅 때 비즈니스 주제를 접어두고 미국의 미덕을 극찬하는 데 집중했다. 이것이 디보스가 미국식American way 생활방식의 거침없는 지지자 역할을 한 시초였다.

소규모 여성 그룹을 대상으로 사전 준비 없이 이뤄진 이 연설은 '미국 홍보하기Selling America' 연설로 발전했다. 이후 10년간 다양한 그룹에 속하는 수많은 사람이 이를 듣고 환호했다. 연설 내용은 녹음해서 LP판으로 팔기도 했고 이후 카세트테이프로 배포했다. 이 연설은 자유 재단Freedoms Foundation에서 수여하는 알렉산더 해밀턴 상Alexander Hamilton Award을 포함해 여러 상을 받기도 했다.

디보스에게는 다양한 재능이 있지만 그중 대중 연설가 재능이 최고가 아닌가 싶다. 그는 자가용 비행기로 전국을 누비며 소규모 고등학교 졸업식을 비롯해 거대한 강당을 가득 채운 대규모 랠리까지 각종 행사에서 연설했다. 그의 연설을 듣는 청중은 사실상 예외 없이 열광했다. 그의 보좌관 중 한 명의 말을 빌리자면 이러했다.

"싹 다 휩쓸어버리죠!"

디보스는 거의 언제나 메모 없이 연설한다. 대개는 편안하게 진행한다. 강단에서 내려와 사람들에게 더 가까이 다가가고 때로는 청중이 대화에 참여하게끔 유도한다.

디보스는 무대 위 연설가로서 자신의 두드러진 카리스마를 얘기하는 걸 꺼린다. 그는 "어, 제가 말하는 내용은 대부분 다른 사람 이야기에서 따온 건데요"라고 말한다. 어쩌면 사실일지도 모른다. 그렇지만 그는 암웨이 사업을 설명하든, 전국 제조업 협회National Association of Manufacturers에서 자유기업체제를 설파하든, 청중에게 쉽게 잊지 못할 경험을 남긴다.

믿어라!
미국을 ….

최근 미시간주 그랜드 래피즈에 사는 한 남성이 집을 팔기로 결정했다. 그는 지역 내 부동산 중개인을 불러 집을 팔아달라고 부탁했다. 그 중개인은 사무실로 돌아가 집의 특징을 담은 신문 광고를 준비했다. 그날 저녁, 자기 집을 내놓은 그 남자는 신문을 읽으며 당연히 자기 집 광고가 나왔는지 확인해보았다. 그는 그 광고를 읽고 또 읽었다. 갑자기 그는 의자에서 벌떡 일어나 전화기로 걸어갔다. 그러고는 대뜸 중개인에게 전화를 걸어 집을 팔지 않겠다고 말했다. 중개인이 깜짝 놀라 물었다.

"무슨 문제라도 있나요? 무엇 때문에 갑자기 마음이 바뀌었습니까? 집을 팔겠다고 한 게 불과 어제 일인데, 지금 취소하고 싶다고 하시니…. 이유가 뭐지요?"

그 남자의 대답은 아주 단순했다.

"광고를 보는 순간, 내가 이미 늘 원했던 집에 살고 있다는 생각이 들었어요."

이것은 자신이 바라는 모든 것을 이미 제공하는 나라에 살고 있으면서 아직 그것을 깨닫지 못하는 대다수 미국인에게 흔히 해당하는 이야기다. 1950년대 초반 미국 젊은이들은 한국 전쟁에 참여했다. 그때 미국 역사상 한 번도 겪지 않았던 충격적인 사건이 그곳에서 벌어졌다.

중국 공산당에게 포로로 잡힌 젊은이 7,000여 명이 무작정 전쟁이 끝나기만 기다린 것이다! 그들은 탈출을 시도하지 않았다. 사탕과 담배, 음식을 받고 침착한 척할 뿐 아무런 시도도 하지 않았다. 그들은 싸워보지도 않고 자유를 포기했다.

정신의학과 전문의 아돌프 마이어는 그렇게 포로로 잡혔다가 돌아온 젊은이 천 명 이상과 인터뷰를 했다. 그는 그 젊은이들이 미국이 더 이상 지지할 만한 가치가 있음을 확신하지 못한다는 결론을 내렸다.

나는 맥아더 장군의 코레히도르섬 탈출, 2차 세계대전 당시 수많았던 미군 탈출, 베트남에서 전해져온 극적인 탈출 경험담 등 역사적으로 유명한 탈출 사건을 떠올리지 않을 수 없다. 그 사람들에게 "왜 그 위험을 감수했습니까? 왜 교도소에서 빠져나오는 도박을 감행했습니까?"라고 묻는다면 뭐라고 대답할까? 그 대답은 간단하다.

"왜냐하면 우리는 자유를 원했기 때문입니다."

시간이 흐른 지금, 이 땅에는 미국에 그럴만한 가치가 있다고 확신하지 못하는 미국인 무리가 있다.

116

공산주의자는 그 젊은이들에게 사회주의 시스템이 얼마나 훌륭한지, 미국 자본주의 시스템보다 얼마나 우월한지 설명했다. 우리 군인들은 거기 앉아 이야기를 듣고 있었다. 그중 일부는 그 말을 믿었고 대다수는 의심했다. 이도 저도 아닌 사람들도 더 이상 미국의 방식을 확신하지 못했다.

나는 미국을 믿는다. 지금은 애국심을 표출하지 못하도록 말리는 분위기가 지배적이다. 하지만 나는 예전처럼 가슴에 손을 얹고 감성에 호소하며 애국심을 표현하는 방식이 절대 잘못되었다고 생각하지 않는다.
나는 미국이 가장 부유한 과거와 가장 밝은 미래 그리고 가장 흥미로운 현재를 지닌 세계 최고 국가라고 생각한다.

만약 현재의 미국과 앞으로의 미국을 비교한다면 상당한 논란이 있을 수밖에 없다. 미국에 문제가 있는가? 물론 있다. 빈곤율과 범죄율이 높고 알코올의존증 환자와 이혼 가정이 늘어나고 있다. 인플레이션과 경기 침체, 베트남 전쟁 이후 지속되고 있는 정서적 스트레스로 힘들다. 다양한 문제가 존재하며 미국에 문제가 있다는 사실을 부정할 바보는 없다.

어릴 때 주일학교 선생님이 까불대던 우리에게 《성경》 구절 하나하나에 연연해서는 안 된다고 주의를 주던 기억이 난다. 《성경》을 공부할 때는 한 장 전체, 한 문단 전체를 보아야 한다. 여기서 한 구절, 저기서 한 구절을 뽑아서 읽으면 우리가 주장하고 싶은 어떤 것도 《성경》으로 정당화할 수 있다.

많은 사람이 지금 미국을 그런 방식으로 바라본다. 여기에 있는 문제 하나를 끄집어내고, 저기에 있는 몇 가지 결함을 들춰내 전체를 매도한다. 전체 맥락을 무시한 채 문제에 접근해 미국이 어떻게 몰락해가고 있는지 설교한다!

최악은 그 같이 왜곡된 시각을 퍼뜨리는 사람들이 대개 아주 영향력 있는 사람이라는 사실이다. 그들의 청중은 이 나라 젊은이다. 우리의 자녀는 몇 가지 사소한 결점에 매달려 균형감을 잃는다. 장단점을 견줘가며 미국의 전체 상황을 보는 데 필요한 균형 관점도 잃어버린다.

올바른 시각을 유지하는 유일한 방법은 두 번째 질문을 던지는 것이다. "무엇과 비교해서 그러한가?"

다른 나라와 비교해서 봐야 미국의 진짜 모습이 명확히 보인다.

대다수 미국인은 자유기업체제가 우리 모두에게 선사한 멋진 일을 더이상 말하지 않는다. 여기서 몇 가지 통계와 미국의 자산 리스트 그리고 공산주의 러시아와 대조적으로 우리가 어떤 위치에 있는지 보여주는 비교 자료를 인용하겠다.

러시아는 전 세계인에게 공산주의 체제가 미국의 체제보다 우월하다고 홍보한다. 소수의 리더에게는 더 나을 수 있지만 실제로 공산주의 체제 아래에서 사는 사람들을 보면 우리 기준에서 극빈층에 속하는 삶을 살고 있다. 몇 가지 수치를 들어 비교하겠다.

현재 소비에트 체제의 영광을 누리고 미국의 자원을 그들 수준으로 맞추려면 철강과 석유 생산량의 절반을 포기해야 한다. 또한 수력전기 발전소의 5분의 3을 파괴하고 미국 천연가스의 3분의 1만으로 살아가야 한다.

이미 포장한 고속도로 전체 중 14마일(약 22.5킬로미터)마다 13마일씩 철거해야 하고, 간선 철도 트랙의 3분의 2를 철거해야 한다.

자동차와 트럭은 20대 중 19대 비율로 폐기해야 하고, 2,000개가 넘는 대학을 허물어야 하며 박물관의 85%를 태워야 한다.

미국의 생활 수준을 3분의 2만큼 줄이고 텔레비전 5천만 대와 전화기 11대 중 10대, 단독주택 10채 중 7채는 부숴야 한다. 그리고 도시에서 사는 6,800만 명을 다시 농장으로 돌려보내야 한다.

두 국가의 직접적인 경쟁을 생생하게 보여주는 예시는 '우주 경쟁'이다. 1950년대 러시아는 최초의 인공위성 스푸트니크호를 우주로 발사했다. 갑자기 우리가 우주 전쟁에서 졌다는 기사가 미국 전역의 신문 헤드라인을 장식했다.

'앞서가는 러시아 - 한참 뒤처진 미국. 러시아가 우주를 정복함으로써 세계를 지배할 것이다.'

러시아가 최초로 우주에 갔고 우리는 우주로 무언가를 보내는 게 아직

먼일이다 보니 전 세계 신문이 저마다 미국이 위기에 처했다고 말했다.

미국인은 특유의 창의성과 투지를 발휘해 그 일에 매진했고 결국 달에 첫발을 내디뎠다. 미국은 달에 갔다가 무사 귀환했다. 달 표면에 우주선을 착륙시키기도 했다. 다른 통계 자료도 보자. 스푸트니크 1호를 발사하고 16년이 지난 시점에 미국은 유인 우주비행에 27차례 성공한 반면, 러시아는 18차례만 성공했다. 미국은 다인 비행을 21차례 수행한 반면, 러시아는 9차례 수행했다. 미국은 60명이나 우주로 보낸 반면, 러시아는 32명을 보냈다. 미국은 우주 유영을 9차례 한 반면, 러시아는 오직 한 차례만 했다. 미국은 도킹에 7차례 성공한 반면, 러시아는 2차례밖에 하지 못했다. 미국은 달에 네 번 가서 두 번 착륙하고 귀환했다. 그러나 러시아는 그때까지 한 사람도 우주에 가지 못했다.

그러면 통계와 생산량 데이터는 잠시 묻어두고 미국이 우월한 진짜 비밀일지도 모르는 것을 이야기해보자. 미국은 언제나 풍요로운 땅이었다. 사람도 많고, 자원도 풍부하고, 생활필수품도 넉넉하다. 하지만 우리가 이 땅의 역사를 연구해보면 미국을 위대하게 만든 요인이 이민이나 기후, 자원만은 아니라는 점을 알 수 있다.

미국이라는 나라를 평가할 때 고려해야 할 또 다른 요소가 있다. 역사책 천 권과 수백만 명의 삶에 그 흔적이 남아있다. 메인Maine(미국 북동부 뉴잉글랜드의 가장 북쪽에 있는 주-옮긴이)부터 마이애미Miami(플로리다주 남동쪽에 있는 도시-옮긴이)에 이르는 지역까지, 버몬트Vermont(미국 북동부 주로 주민의 95% 정도가 비히스패닉계 백인임-옮긴이)의 오두막에서 애리조나 Arizona(미국 남서부 주로 히스패닉 인구 비율이 30% 정도를 차지함-옮긴이)의 목장 주택까지 어디에서든 연중 매일 그 흔적을 발견할 수 있다. 버지니아Virgina(미국 남부 주로 아프리카계 미국인, 즉 흑인이 20% 이상 차지함-옮긴이)의 농장경영자부터 샌디에이고San Diego(캘리포니아주 최남부에 있는 대도시로 흑인 비율이 매우 낮음-옮긴이)의 바텐더에 이르기까지도 마찬가지다.

그 요소는 바로 우리를 단결시키고 하나로 만들어주는 신념, 즉 미국 정신이다. 미국 정신은 무형 자산으로 정의하기가 몹시 어렵다. 그것은 정치 철학에 뿌리를 두고 있으나 실은 그 이상이다. 사람들은 그것을 일반적으로 공유하는 지역적 특징이라고 여길지도 모르지만 사실 그 이상이다. 그것은 민족주의와 애국주의 성향을 강하게 띠긴 해도 그보다 훨씬 더 깊은 의미를 지닌다.

미국 정신은 이 모든 것을 한데 묶은 것이다. 이는 미국인을 다른 나라 사람과 구분 짓는 요소이고 미국인이 숙명을 타고난 민족임을 보여준다. 이 무형 자산은 자유의 여신상에 새겨져 있다.

> … 고단한 자들이여, 가난한 자들이여,
> 자유로이 숨 쉬고자 하는 군중이여, 내게로 오라 ….

바로 이것이다! 미국 정신의 정수가 바로 여기에 있다.

"… 자유로이 숨 쉬고자 하는 …."

이것은 삶의 충만함을 맛보는, 통제를 벗어던지고 독립적인 길을 그리며 나아가고자 하는, 사용하지 않는 근육을 스트레칭해 모두 제 기능을 하게 하는, 오래된 곳간을 허물고 새로 짓고 싶은, 안정적인 삶을 벗어던지고 큰 모험을 걸어보고자 하는, 선례에 반기를 들고 모험을 추구하고자 하는 정신이다.

"… 자유로이 숨 쉬고자 하는 …."

이것은 한 사람의 개인으로 살아갈 자유다. 거물일 수도 있고 거리의 부랑자일 수도 있다. 뭐든 되거나 아무것도 되지 않을 수 있다. 나아가 그 자유는 내면의 목소리를 따를 자유, 믿을 자유, 의심할 자유, 동의하거나 동의하지 않을 자유다. 그것은 파란색이나 회색을 입을 자유이자 그랜트Grant(미국 남북전쟁 당시 북군 총사령관, 제18대 대통령-옮긴이) 혹은 리Lee(미국 남북전쟁 당시 남군 총사령관-옮긴이)와 행진할 자유다.

자유를 향한 외침은 바위투성이 황무지에서 나왔고 유럽과 아시아, 아프리카는 모험심이 큰 그들의 자손을 숲과 원시의 땅으로 보내 새로운 사회를 개척하게 했다. 야위고 굶주리던 그들은 독재에 진절머리가 나서 새로운 삶을 찾고자 했다.

자신들이 추구한 몸과 마음의 자유를 찾았을 때 그들은 패배를 모르는 무모한 자신감을 장착했다. 그래서 열등의식을 갈기갈기 찢어버리고 부정적인 접근 방식을 부순 뒤, 그들의 어휘 목록에서 '차선책'이라는 단어를 지워버렸다. 바로 여기서 미국 정신이 나왔고 그 정신을 기초로 미국을 건설하고 미국의 유산을 구축했다.

물론 미국 정신의 힘을 과소평가하고 믿지 않는 사람들은 항상 있었다. 그런 사람들의 시초 가운데 한 명이 영국 왕 조지George다. 오늘날 영국인은 그를 미국 식민지를 잃어버린 왕으로 기억한다.

미국 정신을 오해하는 또 한 사람은 멕시코인 산타 안나Santa Anna(멕시코 정치인, 장군 출신으로 제8대 대통령-옮긴이)다. 그는 알라모Alamo(텍사스 독립 전쟁 당시 텍사스 민병대가 멕시코 정규군과 맞서 싸운 저항 요새-옮긴이)와 샌 하신토San Jacinto(알라모 전투 45일 후 이곳에서 멕시코군과 다시 맞붙고 승리하면서 텍사스는 멕시코에서 독립함-옮긴이)의 기억을 떨치지 못한 채 멕시코 시티에서 가난하게 죽어갔다. 또 한 사람은 히틀러인데 그는 일 년간 미국 정신을 비웃다가 그다음 해 베를린 벙커에서 죽었다.

'엄연한 사실'이 추앙받고 통계적 분석이 중요한 이 시대에 '정신' 같은 것을 정치 문제와 결부하면 사람들은 비웃게 마련이다. 미국이 위기에 빠졌다고 생각하는 지금, 전 세계 냉소주의자와 불안을 조장하는 무리는 모든 의미가 퇴색되고 미국적 민주주의 이상이 무너질 위기에 처했다는 결론을 내린다. 이처럼 미국 정신을 비관적으로 바라보고 경멸하는 사람들에게 역사는 몇 가지 질문을 던질 것이다.

위장한 뉴잉글랜드 사람들이 왕의 홍차를 짜디짠 보스턴 항구에 버릴 때, 그들은 어디 있었는가? 벙커힐Bunker Hill에서 소수의 오합지졸 식민지 주민들이 화가 나 영국군과 대치할 때, 그들은 어디 있었는가? 네이선 헤일Nathan Hale(미국 독립전쟁 당시 첩보원으로 활동하다가 영국군에게 발각되었으나 극심한 고문 속에서도 조국을 배신하지 않고 '내가 조국을 위해 바칠 목숨이 하나라는 게 유감스러울 뿐이다'라는 유언을 남기고 죽음을 택함-옮긴이)이 조국을 위해 죽음을 택하며 영국군 눈앞에서 마지막 말을 남길 때, 그들은 어디 있었는가?

뉴올리언스의 솜뭉치가 앤드루 잭슨Andrew Jackson(뉴올리언스 전쟁에서 대승을 거둔 군인. 제7대 대통령-옮긴이)의 분노를 뿜어내고 있을 때, 그들은 어디 있었는가? 용감한 자들이 알라모에서 힘을 합치고 있을 때, 그들은 어디 있었는가? 조니Johnny가 행군해서 집으로 돌아올 때(미국 남북전쟁 당시 북군 군가 제목-옮긴이), 그들은 어디 있었는가? 열병에 시달리는 엔지니어가 파나마 운하를 파내고 있을 때, 회의론자들은 어디 있었는가? 아르곤 숲Argonne Forest 나무들이 양키(미국 남북전쟁 당시 북군-옮긴이)의 총격에 흔들리고 있을 때, 그들은 어디 있었는가? 린드버그Lindbergh가 대서양을 횡단 비행할 때, 피어리Peary가 북극을 탐험할 때, 에디슨Edison이 전구를 발명해 어둠을 밝힐 때, 닐 암스트롱Neil Armstrong이 달에서 먼지를 일으

124

킬 때, 그들은 어디 있었는가?

회의론자들도 항상 그 자리에 있었다. 그러나 막상 일이 닥쳤을 때 미국은 문제를 해결하고, 새로운 요구사항에 대응하고, 회복 탄력성과 강인함을 보여주면서 언제나 한 발 앞으로 나아갔다. 과거에도 힘들던 시기가 있었듯 지금도 정말 어려운 시대다. 한 가지 확실한 것은 위기가 닥쳐도 미국 정신은 절대 무너지지 않는다는 점이다!

마지막으로 강조하고 싶은 점은 미국의 진짜 힘은 종교적 전통이라는 사실이다. 나는 너무 많은 사람이 미국이 오늘날의 미국이 된 이유는 하나님께서 이 땅에 축복을 내려주신 덕분이라는 사실을 망각하는 것 같아 우려스럽다.

요즘 상당히 많은 사람이 마치 하나님과 전혀 관계가 없는 것처럼 행동한다. 더 이상 하나님을 언급하고 싶어 하지도 않는다. 미국은 종교적 유산 위에 세워졌고 우리는 그때의 마음가짐으로 돌아가야 한다. 우리는 사람들에게 하나님을 향한 믿음이 미국의 진정한 강점이라고 말해야 한다!《성경》에도 나오듯 믿음은 듣는 데서 출발한다. 그러므로 우리는 하나님께서 미국에 베푸신 은혜를 이야기하기 시작해야 한다.

미국을 세웠을 때, 순례자들은 첫 번째 추수감사절에 기도를 드렸다. 그 전통이 이어져 오늘날에도 워싱턴 D.C.의 미국 의회는 개회할 때 기도로 시작한다. 1달러짜리 지폐나 동전을 집어들 때마다 우리는 '나는 하나님을 믿습니다'라는 문구를 볼 수 있다. 이것도 그 전통의 일부이고 미국의 힘은 하나님에게 있다는 사실을 인정하는 일이다.

미국에 사는 우리는 하나님의 모습을 본떠 인간을 창조했다고 믿어왔다. 나아가 인간에게는 능력과 함께 책임이 주어졌으므로 세상을 더 나은 곳으로 만들라는 가르침을 받았다. 이것이 진정 미국의 위대한 면이고 러시아를 비롯한 다른 사회에서 이루려 하는 것과 뚜렷하게 차별적인 부분이다.

미국의 힘은 미국인의 믿음 안에 놓여있다. 자신의 노력과 믿음으로 지금의 미국을 만든 바로 그 사람들의 믿음 말이다. 우리 모두 미국의 가치를 전파해야 할 때다. 사람들에게 미국의 자산이 무엇인지 말해야 그들이 영감을 받아 더욱 분발하고 그들의 믿음도 새로 커질 것이다.

이를 압축해서 가장 잘 보여주는 사람이 바로 카를로스 P. 로물로Carlos P. Romulo다. 그는 군인이자 정치인, 필리핀의 애국자로 2차 세계대전에서 맥아더 장군과 함께 복무하며 국제연합 UN을 창설하는 데 주도적인 역할을 담당했다. 수년 동안 주미 필리핀 대사였고 UN 총회 의장직도 역임한 그는 미국을 떠나면서 마지막으로 이런 말을 남겼다.

나는 고국으로 돌아간다. 미국이여, 잘 있어라. 17년 동안 나는 이곳에서 환대받았고 50개 주를 모두 방문했다. 나는 미국을 잘 안다고 말할 수 있다. 나는 미국을 사랑하고 찬양한다. 이곳은 내게 제2의 고향이다. 이곳을 떠나는 지금, 나는 미국에 경의를 표하며 한편으로는 경고를 보내고 싶다.

미국인이여, 이곳은 정신적인 나라다. 맞다, 미국인이 실용적인 사람이라는 것을 잘 알고 있다. 다른 사람들과 마찬가지로 나도 미국의 공장과 고층 빌딩, 무기를 보고 경탄했다. 그러나 그 기저에 놓인 진실은 미국은 하나님을 사랑하고 하나님을 경외하며 하나님을 숭배하는 사람들, 우리 안에 하나님의 흔적이 남아있다는 것을 아는 사람들에게서 시작되었다는 사실이다.

불굴의 미국을 만든 것은 바로 '인간 영혼의 존엄성' 존중이다. 항상 변치 않기를 바란다. 미국을 떠나는 지금, 다시 한번 말하고 싶다. 미국이여, 고맙다. 그리고 잘 있어라. 하나님께서 항상 당신을 지켜줄 것이며, 당신 역시 언제나 하나님 곁을 지키기를 바란다.

리치 디보스의 믿음

Chapter 7

믿어라!
　　끈기의 힘을 ….

RICH DEVOS

자신이 원하는 성공을 이루고 싶은 분들을 위한 강력한 믿음의 힘

믿음

Believe!

유리와 반짝이는 강철로 된 빌딩으로 들어간다. 천장이 높고 넓은 커다란 원형 건물을 지나 2층으로 가는 나선 계단을 오른다. 비서들과 사무실을 지나 마침내 리치 디보스의 사무실로 들어간다.

이것은 정취를 자아내는 소중한 경험이다. 그곳은 우리가 으레 떠올릴 법한 여느 기업 회장의 집무실처럼 우아하고 고급스럽게 꾸며져 있다. 그것은 가구나 전면 유리 너머로 보이는 전경이 멋져서도 아니고 특별히 화려해서도 아니다. 비밀은 집무실 벽면에 있다. 그곳에는 그 공간을 사용하는 사람이 개인적 혹은 직업적으로 어떤 사람인지 잘 보여주는 기념물, 상패, 사진이 뷔페처럼 죽 늘어서 있다.

인테리어 디자이너가 기획하고 전화로 주문해 인부가 설치했을지도 모를 카펫과 가구, 커튼은 이 사람에 관해 어떠한 단서도 제공하지 않는다. 반면 그 벽면은 고고학자가 고대 무덤에 있는 상형문자를 바라보듯, 관찰력 좋은 방문자의 시선을 사로잡고 생각에 빠지게 만드는 단서로 채워져 있다.

인도주의적 자선사업의 공로를 인정하는 감사패, 공익사업과 그 유명한 '미국 홍보하기' 연설을 기리는 표창, 다양한 도시와 주에서 명예시민으로 임명한 족자 등 각종 상이 걸려있다. 댈러스 카우보이스Dallas Cowboys 미식축구팀에서 받은 감사패, 당시 부통령이던 제럴드 포드의 팔짱을 낀 디보스 사진, 노먼 록웰Norman Rockwell이 그와 그의 파트너를 그린 스케치도 있다. 보기 좋게 그을린 그의 멋진 아내와 아이들 사진, 가족과 함께

찍은 디보스의 사진 등 일상의 흔적을 보여주는 사적인 것도 있다. 여섯 식구 모두 함께 즐거운 시간을 보내고 있는 가족에게서 볼 수 있는 편안하고 순수한 미소를 짓고 있다.

상당히 성공한 한 남자의 다양하고 풍요로운 기록이 여기 모두 모여있다.

그런데 그 벽면에 있는 어떤 상이나 트로피보다 그 남자를 더 잘 설명하는 무언가가 있다. 바로 소박하게 새겨 액자에 넣은 그의 좌우명이다. 그것은 화려한 색과 금빛으로 장식한 물건들 가운데 조용히 걸려있다. 디보스는 슬로건 같은 것에 크게 영향을 받는 사람이 아닌데 거기에 하나가 걸려있다. 그 메시지가 수년 동안 그에게 얼마나 강력하게 다가왔는지 느낄 수 있다. 그 액자 안에는 이렇게 적혀있다.

밀고 나아가자.
세상 그 어떤 것도 끈기를 대신하지 못한다.
재능도 소용없다.
세상에서 가장 흔한 것이 재능이 뛰어난데도 성공하지 못한 사람이다.
천재성도 어림없다.
"성과 없는 천재성"이라는 말은 거의 속담처럼 쓰이고 있다.
교육만으로도 불가능하다.
세상은 교육받은 부랑자로 가득하다.
끈기와 결단력만이 전지전능한 힘을 발휘한다.

132

믿어라!
끈기의 힘을….

우리는 어린아이들에게 종종 《씩씩한 꼬마 기관차The Little Engine That Could》를 읽어준다. 수천 명의 젊은이는 이 이야기를 듣고 이런 메시지를 얻는다. 열심히 노력하면 반드시 좋은 결과가 따라온다는 굳건한 믿음이 있어야 한다!

만약 분야와 상관없이 성공과 가장 연관성 높은 개인의 특성 한 가지를 꼽으라면 나는 '끈기'라는 특징을 선택하겠다. 결단 그리고 끝까지 견뎌내는 의지, 일흔 번 넘어져도 다시 일어나며 "일흔한 번째 도전, 가보자!"라고 외치는 의지가 필요하다.

어떤 사람은 끈기를 고집과 혼동하기도 한다. 그들은 결단과 고집불통이 하나이고 똑같은 것이라고 여긴다. 그 두 가지는 전혀 다르다.

어떤 사람은 멍청하고 비생산적으로 고집을 부리기도 한다. 그런 사람은 물이 젖지 않는다는 둥, 시간을 멈춰달라는 둥 말도 안 되는 주장을 늘어놓으며 거의 모든 일에 고집을 피운다. 고집은 보통 고집을 피우기 위한 고집일 뿐 현실이나 기능과 관계가 없다.

반면 끈기는 목적이 있는 고집이다. 이것은 마음속에 목표를 품은 결단이다. 어떤 사전은 끈기를 '결연한 의지, 역경에 맞선 강건한 투쟁'이라고 정의한다.

끈기가 고집 수준을 넘어서게 하는 특별한 지점이 있다. 바로 끈기는 눈앞의 목표 달성을 위해 내린 결정에서부터 출발한다는 것이다. 무작위로 목적 없이 부리는 고집은 짜증스럽지만, 자기 인생에서 내린 어떤 결정에 뒤따르는 끈기는 성공과 실패를 가르는 가장 중요한 단 한 가지 특징일 수 있다.

고등학생이 되고 얼마 지나지 않았을 때, 나는 어려운 결정을 내리고 그 결정을 밀고 나아가는 일이 얼마나 소중한지 경험했다. 고등학교 1학년 시절, 나는 그랜드 래피즈 크리스천 고등학교Grand Rapids Christian High School라는 사립학교에 다니고 있었다.

나는 사립학교에 다닌다는 것이 어떤 의미인지 별로 생각하지 않았다. 가령 사립학교에 다니면 아버지가 열심히 번 돈을 상대적으로 많이 써야 한다는 생각 같은 것을 하지 못했다. 나는 그냥 아무 생각 없이 그곳에 다녔다. 그러다 보니 여자애들을 쫓아다니거나 농땡이를 부리기 일쑤였다.

한마디로 나는 최고의 학생이 아니었다. 사실은 노력해야 하는 사람이었으나 노력하지 않았다! 물론 낙제한 과목은 없었다. 하지만 내가 라틴어 수업을 낙제하지 않고 간신히 통과한 유일한 이유는 다시는 그 수업을 듣지 않기로 약속했기 때문이었다.

저조한 내 1학년 성적을 보고 기분이 몹시 언짢아진 아버지는 이렇게 말했다.

"음, 아들아. 이런 식으로 지낼 거라면, 그러니까 네가 계속 이런 식으로 농땡이를 부릴 거라면, 나는 너를 사립학교에 보내는 데 돈을 쓰고 싶지 않구나."

그다음 해에 나는 공립학교로 전학을 갔다. 나는 그곳이 마음에 들지 않았고 고등학교 3학년이 되었을 때 아버지에게 크리스천 고등학교로 돌아가고 싶다고 했다. 아버지는 분명하게 말했다.

"흠, 만약 네가 돌아가고 싶다면 학비는 네가 내야 한다는 걸 알아두기 바란다."

나는 공립학교에 남거나 크리스천 학교로 돌아갈 수 있었다. 결정은 내 몫이었다. 그러나 내가 선호하는 학교로 가려면 비용을 부담하겠다는 결단을 내려야 했다. 나는 생각을 거듭하며 비용을 계산했다. 당시 나는 주유소에서 일하고 있었고 학비 정도는 벌 수 있으리라고 여겼다. 그래서 아버지에게 말했다.

"크리스천 고등학교로 돌아가겠습니다. 학비는 제가 낼게요."

내 인생에서 처음 내린 중요한 결정, 결과가 뒤따르는 결정, 끈기와 결단력으로 뒷받침해야 하는 결정이었다. 그해 가을은 내 성장기에서 중요한 시기로 기억에 남아있다. 내 삶에서 내가 처음 해야 할 일을 결정하고 "원하는 것을 얻기 위해 그 값을 치르겠어요"라고 말하면서 그 일을 책임지려 한 시점이었다(이야기를 마무리하자면 내가 진지하게 선택하는 모습을 본 부모님은 결국 학비를 도와주셨다).

내재한 끈기를 자유롭게 해서 실제로 움직이게 하려면 결정을 내리는 것이 필요하다. 어떤 사람은 자신에게 결단력이 있는지 결코 깨닫지 못한다. 그들은 자신이 결단하면 잦은 밤샘과 힘든 일로 긴 나날을 보낼 것을 알고, 자신을 그 결정에 헌신해야 하는 상황에 두지 않기 때문이다.

놀라운 사실은 우리 인생이 대부분 크고 중요한 결정으로 정해지는 것이 아니라, 아주 작은 결정들이 쌓여 저절로 큰 결정이 이뤄진다는 점이다.

보통 사람은 대개 자기 인생 최대의 결정이 결혼을 결심한 것이라고 말한다. 많은 사람이 내게 그렇게 말하는데 난 그 말을 들으면 웃곤 한다. 나는 여태껏 결혼하기로 결심한 사람을 만나본 적이 없기 때문이다.

실제로 그는 한 여성에게 데이트를 신청하기로 작은 결정을 내렸다. 그리고 또 한 번 시도했다. 그냥 일이 그렇게 진전되어 어느새 정신을 차리고 보니 직장을 얻고 결혼해서 가정을 꾸리는 식이다.

또 다른 '큰' 결정은 직업 선택이다. 사람들은 대개 직업을 선택할 때도 어떤 중요한 결정을 내리지 않는다. 직업이 필요한 시기에 그 일이 가장 할 만하고, 마침 그 회사에 자리가 생겨 그 일을 하게 되고, 그 일을 그만둘 여유가 없어서 계속 다니는 식이다.

중대한 결정을 내릴 때는 진짜 용기가 필요하다. 어렵고 중요한 결정을 내릴 경우에는 상황을 잘 돌아보고 그 일에 집중해야 한다. 이것이 정말 중요한 목표로 가는 궤도에 오를 수 있는 유일한 방법이다. 영국의 위대한 작가 중 하나인 벤 존슨Ben Jonson은 이렇게 말했다.

"노력 없이 쓴 글은 대체로 재미있게 읽을 수가 없다."

의사결정도 마찬가지다. 고통과 헌신 없이, 비용 계산도 하지 않고 위험 감수도 없이 결정을 내리면 보통 열정적으로 끈기 있게 밀고 나아가지 못한다. 인생은 그냥 흘러갈 뿐이고 상황은 예전과 별다르지 않다.

일단 우리가 정말 중요한 목표를 선택하고 그것을 해나가겠다고 결정했다면, 그다음 단계는 그 일을 시작하기 전에 앞으로 힘든 일이 많이 있을 거라고 마음을 단단히 먹는 일이다. 우리는 그것을 알고 받아들인 것이다. 시작하기 전에 '선택'에는 희생이 따른다는 것을 명심해야 한다.

암웨이 비즈니스에서 우리는 매년 수천 명에게 직접 판매direct selling로 제2의 커리어를 쌓아 성공 기회를 잡을 수 있다고 말한다. 하지만 결코 그 일이 수월한 것처럼 이야기하지 않는다. 암웨이는 성공으로 가는 지름길을 찾는 사람을 원하지 않는다.

당신이 승진하거나 학위를 따려고, 별장을 지으려고, 새로운 기술을 배우려고 준비할 때 하루 여덟 시간을 투자하는 것으로 충분한가? 그렇지 않다는 걸 알고 있을 것이다. 만약 하루 여덟 시간 이상 투자하는 것이 걱정스럽다면 상황을 개선하는 것은 시작조차 하기 어렵다.

티비광이라서 텔레비전을 계속 봐야 한다면 더 이루고자 하는 목표는 잊는 게 좋다. 볼링이 삶의 중심이고 일주일에 세 번 근처 볼링장에 가는 것을 포기할 수 없다면, 차라리 현재에 안주하며 살아가는 자신을 받아들이자.

이 모든 것이 당신에게 중요하다면 그것도 괜찮다. 그런 일이 잘못된 행동은 아니다. 다만 그것에 너무 매달려 있으면 당신이 입버릇처럼 말하는 것을 얻기 위해 절대 노력하지 못할 것이다. 그렇다면 적어도 불평을 늘어놓으며 다른 사람을 부러워하지 말고 당신이 가진 것을 즐기려고 노력하자. 당신의 시간을 채우는 모든 것을 하고 자신을 밀어붙이거나 자기 발전을 강요하지 말자. 단, 다른 사람이 당신보다 더 많이 가졌다고 해서 불평해서도 안 된다.

만약 당신이 목표를 발견하고 그것을 해내겠다고 마음먹었다면, 이제 남은 일은 쉬엄쉬엄해야겠다는 생각이 들더라도 끈기 있게 계속 정진하는 것이다! 모든 일에는 부침이 있다는 것을 받아들이고 목표를 향해 나아가자. 가능성이 작거나 당신의 길을 가로막는 장애물을 만나더라도 단념하지 말자. 계속 나아가자. 그것이 핵심이다. 오롯이 목표에만 집중해 성공할 수 없는 온갖 이유는 들리지도 않게 하자.

지금까지 내게 가장 영감을 준 스토리 중 하나는 로버트 맨리Robert

Manrey라는 한 남자가 13.5피트(약 4미터)짜리 보트를 타고 대서양을 횡단 항해한 이야기다. 그가 떠나기 전 내게 물어보았다면 나는 그에게 가지 말라고 했을 것이다. 그가 해낼 방법이 없어 보였을 테니 말이다.

다행히 그는 내게 묻지 않았다. 그는 여섯 번이나 배에서 물속으로 떨어졌다. 폭풍에 쓸려가지 않도록 자신을 돛대에 묶어두기까지 하면서 그는 결국 해냈다. 그는 안전하게 대서양을 건넜고 항해계에서 아주 유명해졌다.

제이 밴 앤델과 내가 암웨이 코퍼레이션을 시작하고 나서 몇 년 동안 겪은 경험을 돌아보면 그 항해사가 떠오른다. 우리가 누군가의 말에 귀를 기울였다면 우리는 시작도 하지 못했을 것이다. 간혹 나는 시작할 때 암웨이가 지금의 규모로 성장할 것을 상상했느냐는 질문을 받는다. 나는 그렇지 않다고 단호하게 말한다! 우리 둘 다 마스터플랜, 거대한 계획, 엄청난 매출을 올리는 회사로 키우겠다는 계획은 세우지 않았다.

나는 우리가 그 일에 뛰어들기로 한 그날 밤을 절대 잊지 못한다. 당시 우리는 캘빈대학교 학생이었고 크리스마스 휴가차 함께 플로리다에 갔다. 그리고 플로리다의 작은 집 침대에 누워 비즈니스 아이디어를 쏟아내기 시작했다. 그러다가 그날 밤 결심했다. 말만 하지 말고 하자! 해보자! 그냥 돌격하자!

우리는 단순한 목표를 세웠다. 우리 힘으로 성공적인 비즈니스 수립하기! 우리는 그 목표 달성에 필요하다면 어떠한 희생도 감수할 준비를 하고 있었다. 우리는 끈기 있게 나아갔다. 우리는 한 지점을 통과하면 그제야 다음 지점을 바라보았다.

가령 총매출 백만 달러를 처음 달성했을 때 두 번째 백만 달러를 생각했다. 회사가 성장해 첫 번째 빌딩만으로 부족해지자 건물 하나를 더 지었다. 암웨이 코퍼레이션은 그렇게 점진적으로 지금의 모습으로 발전해왔다. 뛰어난 기획이나 눈먼 행운, 기발한 홍보가 아니라 끈기가 핵심이었다.

제이와 내가 미시간 랜싱Lansing에서 대규모 미팅을 열었던 어느 날 밤이 기억난다. 암웨이 초창기 시절이었다. 멋진 미팅일 거라고 기대했다! 라디오에 거창하게 광고도 했고 신문에 안내문도 실었다. 대규모 미팅이 성황을 이루도록 우리는 하루 종일 사람들을 멈춰 세우고 브로슈어를 나눠주었다.

미팅 장소는 200석 규모 강당이었는데 그날 저녁 나타난 사람은 두 명뿐이었다! 의자 200개가 놓인 공간에 단 두 명이 앉아있는 상황에서 에너지 넘치는 연설을 해본 적이 있는가? 모텔비가 없어서 새벽 두 시에 집으로 운전해서 돌아간 적이 있는가? 이런 상황에 놓이면 대개는 매일 밤 포기하거나, 계속하거나 둘 중 하나를 선택하려 한다. 우리는 계속했다.

지하실에서 비즈니스를 시작한 우리는 어쩌다 보니 우리 제품 두 가지를 팔기 위해 점점 더 많은 사람을 리크루팅했다. 그래서 2,400평방피트(약 67평)의 그리 크지 않은 차고를 샀다. 이어 2에이커(약 2,500평) 정도의 땅을 산 뒤 추가로 2에이커의 땅을 더 살 기회를 흘려버릴 뻔했다. 더 이상 공간이 필요하지 않을 것이라고 여겼기 때문이다. 어쨌든 우리는 주차장으로라도 사용할 수 있겠다는 생각에 그 부지를 추가 매입했다.

일은 점점 커졌다. 우리는 마음을 끄는 모든 것을 시도했다. 그런 다음 그것이 잘되면 생산라인에 포함하고 그다지 신통치 않으면 폐기했다. 그 과정에서 시행착오도 겪었다. 한때 방사선 핵 대피소를 팔려고 했다가 실패했다. 사람들에게는 직접 땅을 파서 대피소를 만드는 것이 아주 재미있는 일이었던 모양이다!

배터리 첨가제도 팔았는데 배터리가 그만 얼어버리고 말았다. 전기 발전기도 팔았고 한때 연수기도 팔았다. 우리가 연수기 비즈니스를 그만두기로 결정한 밤을 생생하게 기억한다. 한 여성이 새벽 두 시에 내게 전화를 걸어 연수기에서 이상한 소리가 난다고 했다! 우리는 어려운 일을 겪으면서 하나하나 교훈을 얻었다!

만약 내가 어떤 미국인이 성공할 수 있게 딱 한 가지 자질을 지니도록 빌어준다면, 그것은 대단한 지적 능력이나 운동신경이 좋은 탄탄한 육체가 아니다. 그 사람이 언변이 뛰어나거나 인기 있는 사람이기를 원하지도 않는다. 육체적 매력이나 재능을 주지도 않겠다. 나는 그 사람에게 자신의 목표가 무엇이든 목표를 향해 계속 매진할 수 있는 능력과 의지를 주고 싶다.

나는 항해를 즐긴다. 물 위에 있으면 얻는 교훈이 꽤 많은데 그중 하나는 '나쁜 바람이란 없다'는 사실이다. 우리가 어떻게 다뤄야 하는지만 알면 바람은 어떤 바람이든 순풍이다. 산들바람을 적절히 다룰 경우 항해하는 배를 목적지로 데려다준다.

인생에서 역풍이 불어올 때는 한 가지 교훈을 기억해야 한다. 엘라 휠러 윌콕스Ella Wheeler Wilcox는 시에서 그것을 이렇게 표현하고 있다.

> 배 한 척은 동쪽으로,
>
> 다른 한 척은 서쪽으로 항해한다.
>
> 바람은 같은 방향에서 불어오지만
>
> 나아갈 방향을 결정짓는 것은
>
> 광풍이 아니라 돛이다.
>
> 운명의 바람도 바닷바람과 같아서 우리가 인생을 항해할 때
>
> 삶의 목표를 결정하는 것은
>
> 평온함이나 갈등이 아니라
>
> 우리 영혼이다.

Chapter

믿어라!
하나님과 그의 교회를 ….

RICH DEVOS

자신이 원하는 성공을 이루고 싶은 분들을 위한 강력한 믿음의 힘

믿음

Believe!

리치 디보스는 캐나다 몬트리올에서 지금 막 연설을 끝마쳤다. 예상보다 훨씬 더 많은 사람이 호텔 회의실을 가득 메웠고 뒤에 서서 듣는 사람도 많았다. 혼신의 힘을 쏟느라 녹초가 된 디보스는 지금 피곤해서 회의실 밖 로비에 앉아있다. 회의실 안에서는 다른 세션을 계속 진행하고 있고, 디보스는 다시 회의실로 들어가기 전에 커피 한 잔을 마시며 잠깐 휴식을 즐기고 있다.

그때 한 중년 남성이 미안해하면서 조심스럽게 디보스에게 다가왔다. 키가 작은 그 남성은 배가 나왔고 안경을 쓰고 있었다. 디보스 앞에 서 있는 그의 모습이 편치 않아 보였다. 그저 먼발치에서만 바라보던 사람을 이렇게 가까이에서 만나니 남의 시선도 신경 쓰이고 약간 당황한 듯했다. 그렇지만 그에게는 디보스에게 전할 메시지가 있는 것 같았다. 마치 마음의 짐을 덜어내고 싶은 듯 꼭 말을 해야겠다고 다짐한 것처럼 보였다.

그는 프랑스어를 사용하는 캐나다인이었는데 완벽하지 않은 짧은 영어로 마음을 표현하려고 애썼다. 하지만 잘되지 않았다. 그는 "안녕하세요"와 "여기 와주셔서 감사합니다"라고 인사한 뒤 서툰 언어로 더듬거리며 표현하다가 멈췄다.

그는 쉽게 포기하지 않았다. 분명 할 말이 있는 듯했다. 영어가 유창하지 않아 표현하기가 어렵긴 해도 그 말을 전할 이 기회를 놓치고 싶지 않은 것 같았다.

좌절감을 느낀 그는 말을 멈추더니 갑자기 디보스 옆에 앉았다. 그러고는 주머니에서 작은 카드를 꺼내 그 위에 메시지를 휘갈겨 썼다. 다 쓰고 난 그는 고개를 들어 촉촉해진 눈으로 디보스를 바라보며 말없이 그 카드를 건넸다. 카드에는 이렇게 적혀있었다.

"디보스 씨, 당신 덕분에 사람들의 삶이 훨씬 나아질 것입니다."

디보스는 웃으며 그를 안았다.

"메르시('감사합니다'라는 뜻의 프랑스어-옮긴이)…. 축복이 함께하기를 바랍니다."

하고 싶은 말을 전한 그 남자는 다시 회의실로 돌아갔다.

믿어라!
하나님과 그의 교회를….

나는 자유기업체제, 인간의 존엄성, 책임 의식의 중요성, 긍정의 힘 그리고 우리가 이미 다룬 기타 원칙을 강하게 믿는다. 그리고 그보다 훨씬 더 확고하게 믿는 것 한 가지가 있다.

나는 개인적으로 유일하신 하나님을 믿고, 그의 아들 예수 그리스도를 믿으며, 교회의 사명을 믿는다. 이 관점은 지극히 개인적인 문제라는 것을 인정한다. 하나님과의 관계는 한 사람의 삶 전체를 통틀어 가장 사적인 부분 같다.

나는 개인적인 종교 신념을 억지로 다른 사람의 삶에 강요하는 그런 사람이 아니다. 그러나 사람은 근본적으로 자신의 신념을 대중에게 분명하게 말하기를 마다하지 않아야 한다고 본다. 독단적이거나 강요하려 하면 안 되지만 자기 삶에서 중요하다고 생각하는 신념을 들을 준비를 한 사람과는 기꺼이 공유해야 한다.

사람들은 가끔 내게 "암웨이는 기독교 조직입니까?"라고 묻는다. 나는 언제나 절대 아니라고 대답한다. 암웨이에는 훌륭한 크리스천이 많지만 그렇다고 암웨이가 기독교 조직인 것은 아니다.

기독교는 사람 대 하나님 사이의 문제이기에 오직 사람만이 크리스천이 될 수 있다. 그것은 개인과 예수 그리스도 사이의 일대일 관계다. 나는 암웨이를 내 개인적 믿음을 강요하는 도구로 사용하지 않을 것이고, 그 반대로 복음을 활용해 사업 번창을 꾀하고 싶지도 않다.

하지만 내 생각과 감정을 여러 개로 구분할 수는 없다. 종교란 주일에 교회를 다녀오면 모자걸이에 걸어두었다가 그다음 주에 다시 쓰고 나갈 수 있는 그런 종류가 아니다. 나는 예수 그리스도를 믿고 경험한 크리스천이다. 내 인생에서 어떤 중요한 결정을 내리거나 입장에 서야 할 때, 예수님의 사도로서 그에 걸맞지 않은 행동은 할 수 없다.

내 기억에 내가 하나님을 믿지 않았던 때는 없다. 나는 운 좋게 크리스천 가정에서 자랐고, 어릴 적부터 교회의 나무 의자가 주는 느낌을 알고 있었다. 고등학교에 들어가서는 크리스천과 신앙이 없는 사람들 사이에 차이가 있음을 알아차리기 시작했다.

당시 나는 그리 분석적이지 않았는데도 일반적으로 크리스천이 풍기는 분위기가 다른 사람들과 약간 다르다는 것을 느꼈다. 크리스천은 더 온기가 느껴졌고 삶의 의미와 목적의식이 더 뚜렷해 보였다. 여기에다 공통 신앙을 공유해서 그런지 더 깊은 유대감이 느껴졌다.

나는 세상에는 두 종류의 사람, 즉 하나님을 사랑하고 교회를 받아들인 사람과 그렇지 않은 사람이 있다는 것을 알았다. 또한 내가 있어야 할 곳은 크리스천 그룹이라는 것도 깨달았다.

2차 세계대전에 참전한 후 돌아온 나는 곧바로 크리스천 개혁교회 Christian Reformed Church에 들어갔고, 그때부터 줄곧 개혁교회의 일원이었다. 그러나 내가 온전히 속한 크리스천으로서 느끼는 진정한 기쁨과 축복을 알게 된 지는 몇 년 되지 않았다.

나는 오랫동안 주일에 예배하러 가고 내 능력껏 교회를 지원한 아주 평범한 신도였을 뿐, 사도직을 내 인생의 중요한 일부로 삼지는 않았다. 하지만 지난 몇 년 사이 아내와 나는 아내의 표현처럼 "중도에서 탈피했다." 하나님께서 우리가 그분 안에서 성장하도록 이끄실 때 하나님의 인도하심을 따르는 일은 흥미진진한 경험이었다.

사람들은 한 회사의 회장이 종교의 중요성을 논하는 것을 들으면 다소 놀라는 것 같다. 대규모 회사 경영진의 전형적인 이미지는 무자비하고 돈 버는 데만 관심이 있는 사람, 오직 수익에만 신경 쓰고 정신적인 것보다 물질적인 것에 사로잡혀 있는 사람이다. 나 역시 이보다 더 정확한 이미지를 떠올릴 수 없을 정도다.

사실 돈을 어느 정도 갖는 것만큼 돈의 무력함을 빨리 깨닫는 방법도 없다! 가난한 사람은 돈만 충분하면 자신의 모든 문제가 사라질 것이라는 망상에 사로잡힌 채 평생을 살지도 모른다. 그렇지만 재력을 갖추면 돈으로 할 수 있는 일이 얼마나 제한적인지 발견한다.

돈으로 마음의 평화를 살 수 없다. 돈으로 망가진 인간관계를 되돌릴 수 없다. 돈으로 무의미하게 사는 인생에 삶의 의미를 불어넣을 수 없다. 돈으로 죄의식을 덜 수 없다. 돈으로 상처받은 마음의 고통을 달랠 수 없다.

돈이 있는 사람들은 이 사실을 잘 알고 있다. 자신에게 솔직한 사람이라면 자신이 얻은 물질적 부는 모두 하나님의 손에서 왔음을, 또한 하나님을 섬길 때만 그 돈이 진정한 행복을 가져다준다는 사실을 알 것이다.

그와 동시에 물질적인 것이 무조건 정신적인 것에 반하는 것은 아니다. 많은 사람이 물질주의의 해악을 두고 물질적인 것은 뭔가 본질적으로 나쁜 것처럼 목청을 높인다. 이는 상당히 비논리적인 태도다. 한 인간이 정신적인 것에 관심이 없는 것을 물질주의 탓으로 돌리는 것은 말이 안 된다고 생각한다.

세상 모든 것은 물질이다. 《성경》도 종이에 검은색 잉크로 글자를 새겨 가죽 제본을 한 물질이다. 성직자도 물질로 만든 옷을 입고 물질로 만든 연단에서 물질로 만든 마이크에 대고 설교한다. 당연히 물질 자체는 아무 문제가 없다. 하나님께서는 물질로 모든 사물을 창조하셨다. 《성경》에서 죄악시하는 것은 단지 물질 사랑이 너무 지나친 경우다.

나는 사람들이 이 지구상의 물질적 재화를 즐겨도 좋다고 믿는다. 하나님께서도 반대하시지 않는다. 물론 《성경》에서는 물질적인 것을 숭배하지 말라고 하지만 자연의 열매와 인간이 노력으로 얻은 결실을 즐기지 말라고 하지는 않는다.

사탄이 욥에게서 모든 물질적 풍요를 앗아갔을 때 하나님께서 그의 재산을 욥에게 되돌리는 일을 중요하게 생각하셨다는 점은 의미가 있다. 욥은 하나님께 순종했고 하나님께서는 순종의 대가로 욥이 영적인 축복뿐 아니라 물질적 부도 누리기를 바라셨던 것 같다. 하나님께서는 물질적 부 자체를 죄악으로 여기지 않으셨던 것이 분명하다.

그렇다고 돈을 추구하는 삶이 크리스천에게 문제가 되지 않는다고 말하는 것은 아니다. 돈이 인간과 하나님 사이에 끼어들 수 있다는 데는 논란의 여지가 없다. 돈은 곧 힘이다. 돈이 있으면 일상의 루틴이 덜 힘들고, 다른 사람을 이쪽 혹은 저쪽으로 움직이게 할 수 있으며, 삶의 환경을 좀 더 통제할 수 있다. 그래서 그 힘은 타락할 수 있다.

돈이 주는 힘에 취해 그 돈이 하나님의 손에서 비롯되었음을 잊은 사람은 거만하게 자기만을 과신한다. 동시에 하나님께서 모든 사물을 소유하고 그의 뜻에 따라 주시고 거두신다는 사실을 잊는다. 인간이 자신의 물질적 축복을 유지하는 가장 효과적인 방법은 근본적으로 모든 것이 하나님의 선물임을 끊임없이 상기하는 것이다.

때로 나는 나보다 더 똑똑하고 더 자격이 있고 더 유능한 사람들을 떠올리며 하나님께 질문을 던진다.

"주님, 왜 제게 이런 길을 허락하셨습니까? 왜 다른 사람이 아니라 저입니까?"

내가 통제할 수 없는 수많은 작은 기적이 모여 내가 누린 멋진 혜택을 생각하면, 내가 가진 모든 것은 진실로 하나님의 것이고 알 수 없는 어떤 이유로 내가 그것을 관리하는 주님의 청지기가 되었을 뿐임을 인정하지 않을 수 없다.

가장 중요한 것은 하나님께 모든 것을 맡기는 마음이다. 그것이 바로 겸손이다. 하나님께서는 백만장자의 태도만큼이나 주당 150달러를 버는 사람의 태도에도 관심을 기울이신다. 부자는 더 많은 일에 책임 의식이 있어야 하고 그가 벌어들인 잉여 자산을 더욱 책임감 있게 사용해야 하지만, 하나님께서는 그의 순자산 현황보다 마음 상태에 관심이 있다. 하나님께서 한 사람에게 물질적 축복을 내리실 때는 단순히 개인의 안락함을 위한 것이 아닌 더 큰 이유가 있어서다. 그러므로 부유한 사람은 더 숭고한 목적을 받들 책임을 받아들여야 한다. 그는 자신이 가진 것을 유용하게 사용하라는 하나님의 요구를 피할 수 없다.

솔직히 나는 가끔 미국에서 누리는 삶의 수준에 일말의 죄책감을 느낀다. 여기에는 '불편'이라는 단어가 적절한 표현인 것 같다. 그런 감정을 느끼는 게 뭔가 특별한 것은 아니라고 생각한다. 자신의 감정에 솔직한 중산층 미국인이라면 누구나 비아프라(나이지리아 동부지방 - 옮긴이)에 사는 굶주린 아이들, 연간 40달러도 안 되는 돈으로 생활하는 2억 인도인, 방글라데시의 빈곤, 도움의 손길이 필요한 미국인 등을 떠올릴 때 불편함을 느낀다고 인정할 것이다.

좋은 집에 살면서 편안한 자동차를 몰고 다니며 하루 세 끼를 먹는 우리는 세상 여러 곳의 빈곤을 접할 때 틀림없이 약간 불편한 기분이 든다.

우리가 기억해야 하는 것은 빈자는 빈자를 도울 수 없다는 사실이다. 가난한 국가는 또 다른 빈곤국이 자립하도록 도울 수 없다. 세상에는 언제나 빈곤이 존재해왔고 물질적 강점을 지닌 사람이나 국가가 강박적 죄책감에 빠져있는 것은 상황 해결에 도움을 주지 않는다.

이 책을 읽고 있는 대다수 독자를 포함해 삶의 수준이 높은 여타의 사람들처럼 내가 할 수 있는 일은, 하나님께서 도우심에 감사하고 책임감 있고 너그러운 청지기가 되겠다고 맹세하는 것뿐이다. 그리스도께서 말씀하신 유명한 비유를 보자.

한 남자가 하인 한 명에게 5달란트를 주고 다른 하인에게는 1달란트를 주었다. 그는 5달란트를 가진 자에게 자신의 부를 재분배하라고 요구하지 않았다. 즉, 5달란트를 받은 하인더러 2달란트나 1달란트밖에 갖지 못한 하인에게 자신의 것을 나눠주라고 하지 않았다. 대신 돈을 더 많이 받은 하인에게 그것을 활용해 더 키우기를, 즉 더 많은 돈을 벌기를 요구했다. 이때 1달란트를 받은 하인은 인색해져 자신이 가진 것을 활용하지 못했다. 오히려 자신이 가진 것을 이용해 액수를 늘리는 것, 심지어 위험부

담을 지는 것조차 겁내는 죄를 범했다(마태복음 25장 참고).

탐욕과 오만이라는 문제와 별개로 돈과 관련된 또 하나의 죄악은 다른 사람을 희생해 부당하게 이익을 취할 때 발생하는 죄다. 하나님께서는 누군가가 부자가 되기 위해 다른 사람을 이용하는 행위를 허락하지 않으셨다.

지난 세기와 1900년대 초기 산업은 이 부분에서 내력이 좋지 않다. 의심할 여지 없이 과거에는 특정 산업과 비즈니스에서 노동자와 소비자를 착취한 사례가 많다. 대기업을 지나치게 방어하거나 순진한 낙천주의자의 입장에 서고 싶지 않지만, 나는 오늘날에는 그 같은 남용이 드물다고 믿는다.

대다수 사업가나 경영주가 진심으로 최저 가격에 최상의 제품을 공급하려 하고, 직원이 일한 대가를 제대로 보상해주고자 한다. 대기업 리더는 냉철하고 몰인정하며 자신의 부를 쌓기 위해 무자비하게 노동자와 대중을 희생시키는 스크루지 영감이라는 인식에 나는 동의하지 않는다.

장기적 관점에서 탐욕과 속임수로 기업을 운영하는 사업가는 성공할 수 없다. 그의 부정직함과 교활함 탓에 대개는 어느 지점에서 넘어지고 만다. 물론 예외도 있겠지만 나는 아직 세상에 권선징악의 정의가 살아 있다고 믿는다.

세심한 젊은이가 크리스천으로서의 사명을 포기하지 않고 비즈니스의 최정상에 올라갈 수 있을까? 물론 할 수 있다! 만약 그가 자신이 번 돈 그리고 사람들과 맺은 관계는 모두 하나님께서 주신 것임을 기억한다면, 그는 하나님을 향한 사랑이나 크리스천 형제들을 위한 책무를 잃지 않고 비즈니스에서 최고 자리에 오를 수 있다.

이 경우 신학적 수련으로 기여하는 성직자나 의료기술로 기여하는 선교사만큼, 사업가도 자신의 사업 수완으로 하나님의 왕국에 크게 기여할 수 있다.

교회가 실행하는 프로그램을 지원하는 헌신적인 사업가 수천 명이 없다면 그 사명을 다할 수 있을까? 성직자만 존재하는 교회를 상상할 수 있는가? 불가능하다! 분명 교회와 교회의 사명은 중요하다. 갖가지 결점과 비판에도 불구하고 교회는 여전히 하나님의 왕국과 이 나라에 필수적인 기관이다. 그 교회가 임무를 완수하려면 크리스천 수백 명이 열정을 품고 열심히 교회를 지원해야 한다.

교회는 죽었고 생명력을 잃었다는 주장이 완전히 근거 없는 것은 아니다. 수많은 신도가 '첫사랑'의 느낌을 잃고 복음을 전파하는 사명을 저버리는 바람에 교회가 사교모임처럼 되어버린 지 이미 오래되었다.

그런 모임의 구성원들은 전통이라서 혹은 희미하게나마 옳은 일이라고 생각해서 대충 크리스천 흉내를 내며 살고 있다. 수년 동안 내 아내와 나도 그런 종류의 사람에 가까웠기에 잘 알고 있다.

당시 우리에게는 신앙이 개인적으로 다가오지 않았다. 감정적 연대가 이뤄지지 않았다. 믿음을 잃은 사람들을 변화시키고 새로운 사람에게 그리스도의 메시지를 전하는 일에 관심이 없었다. 이것이 오늘날 교회에 다니는 많은 신앙인의 모습이다.

이러한 신자가 교회를 가득 메우면 교회는 복음 전파와 전혀 관계가 없는 샛길에서 표류할 것이다. 교회의 주된 사업은 복지 프로젝트를 개발하고 정치활동을 이끄는 것이 아니다. 교회가 연루된 사소한 신학적 이슈와 유사 종교활동을 놓고 끝없이 갑론을박하는 것도 아니다.

교회의 임무는 가능한 한 많은 사람에게 최대한 효과적으로 복음을 전하는 일이다. 그렇다고 사회적 개입이 잘못되었다는 말은 아니다. 다만 그것이 교회 임무의 최우선은 아니라는 뜻이다.

교회의 자원은 한정적이다. 세상의 모든 사회적 병폐를 해결할 수는 없다. 그런데 가끔은 교회가 그 부분에 너무 몰입하느라 진짜 목적을 잊어버린다. 교육과 대응 프로그램을 만들고, 이런저런 프로그램에 자원을 배분하고, 누가 어느 위원회 의장을 할 것인지 옥신각신하느라 새로운 사람들을 주님께 인도하는 길에서 완전히 벗어나고 만다.

교회가 복음 전도에 관심을 기울이지 않고 별 상관없는 내부 다툼과 '잡무'에만 치중하는 조직으로 변해버리면, 교회 역시 다른 기관에서 종종 봐온 패턴을 따르게 될 것이다. 나는 수년 동안 여러 기관이 변해가는 모습을 지켜봤다.

교회, 기업, 가정, 심지어 국가마저 반복해서 같은 패턴으로 진화한다. 어떤 기관도 변질되지 않도록 끊임없이 조심하지 않으면 필연적으로 점점 생명력이 말라가는 패턴을 따라간다. 그 변화 과정에는 **4단계, 즉 (1) 창조 단계, (2) 조직화 단계, (3) 방어 단계, (4) '전리품을 나누는' 단계**가 있다.

1단계에서 사람들은 꿈과 아이디어, 불타는 의욕을 갖고 시작한다. 풍요로운 삶을 꿈꾸기 시작한 어린 자녀를 둔 가정일 수도 있고 새롭게 신앙생활을 시작한 그룹이 만든 교회, 독특한 아이디어가 있는 비즈니스나 기업 또는 오래된 정치 시스템을 새로 정비한 국가일 수도 있다.

어떤 경우든 그것은 가슴 벅찬 모험이고 무에서 유를 창조하는 도전의 시간이다. 모든 사람의 에너지가 그 조직을 더 크고 더 나아지게 하는 데 쓰이는 창조 단계이자 개발 단계다.

2단계는 성장과 발전이 이뤄지는 시기다. 해당 기관 사람들은 자신의 시간과 에너지를 기능을 만들고 창조하는 데서 이미 만든 기능을 조직화하고 관리하는 쪽으로 전환해 사용한다. 여기에 특별히 잘못된 일은 없다. 모두 필요하고 중요한 일이다.

이들은 사무실을 꾸미고 직원을 고용하고 빌딩을 짓는다. 또 정책을 정교하게 만든다. 다시 말해 이들은 확대된 조직을 운영한다. 문제는 보통 이러한 관리 업무를 예전에 개발 단계의 최전선에서 일하던 사람들이 맡는다는 데 있다.

비즈니스를 위해 신규 고객을 창출하는 업무, 교회의 새 신도를 모으는 일, 제품과 관련해 새로운 요구사항을 수집하는 일 등은 직원들이 수행한다. 리더십 그룹은 이미 만든 것을 관리하느라 바빠서 창조 단계 일을 직원들에게만 맡겨둔다.

3단계는 주된 관심사가 이미 취한 것을 외부 경쟁과 잠식으로부터 지키는 쪽으로 옮겨가는 시기다. 이때 경쟁자를 깎아내리거나 경쟁자를 이길 수 있는 경쟁 우위를 찾기 시작한다. 그러면 그 조직은 안위를 추구하고 현재를 유지하는 데 집착해 그 이상을 만들어낼 생각은 하지 못한다.

교회는 현재 신도들에게 봉사하고 교회 내 젊은이를 유지하기 위해 일하면서 에너지를 대부분 '양 떼에게 먹이를 주는 일'에 쓴다. 새 신도를 맞이하는 일에 할애할 시간은 부족하다.

4단계는 그룹 에너지가 안으로 기울어 내부 사람들끼리 전리품을 나눠 가지려고 싸우는 시기다. 이즈음이면 사람들은 현장 감각, 즉 무에서 유를 창조하기 위해 고군분투하던 느낌이 어떤 것이었는지 잊는다.

그저 '달콤한 것'이 항상 거기 있을 것이라 여기고 늘 돈이 굴러 들어올 것처럼 착각하면서 모두가 더 큰 파이 조각을 차지하려고 싸운다. 논쟁하고 옥신각신하고 호들갑을 떨면서, 모두가 자신이 얼마나 중요한 사람인지 정당화하면서, 그룹 내 다른 사람보다 앞서가려고 애쓴다. 그래서 그 그룹은 정체한다. 환희와 사명감 같은 분위기는 느낄 수 없다.

아무도 신규 제품을 만들거나 새로운 사람을 데려오지 않는다. 곧 성장이 멈춘다. 파이가 줄어들면서 각자의 몫은 적어지고 싸움은 점점 더 악의로 가득해진다. 추락이 가속화한다. 이 소용돌이에서 빠져나올 해결책은 무엇일까? 1단계로 돌아가는 것이다!

눈을 돌려 조직의 원래 목적이 무엇이었는지 생각해보고 새로운 비즈니스를 창조하는 일이나 새로운 사람을 모으는 일로 관심을 다시 돌리면 추락을 되돌릴 수 있다. 목사는 서재에서 빠져나와 새로운 신도를 모으는 일을 직접 시작해야 한다. 회사의 임원들은 조직체계에 구애받지 않고 자신의 에너지를 세일즈에 쏟아야 한다. 그러면 일이 돌아가기 시작할 것이다! 성장 그래프는 다시 우상향 곡선을 그린다! 1단계로 돌아가면 항상 좋은 일이 일어나기 시작한다!

내가 사도 바울을 가장 좋아하는 이유가 여기에 있다. 그는 1단계를 벗어난 적이 단 한 번도 없다! 그는 자신의 임무가 무엇인지, 최우선 순위가 무엇인지 잊은 적이 없다. 그는 사냥하는 호랑이처럼 일단 궤도에 올랐을 때 결코 한눈을 팔거나 힘을 빼지 않았다. 그는 계속 움직이며 실천하는 사람이었다.

그는 교도소에 갇혔을 때도 죄수들에게 복음을 설파했다(《사도행전》 16장 참고). 그는 조난을 당해 거의 익사 위기에 처했다가 해변에 이르렀을 때도 복음을 전했다(《사도행전》 27장 참고). 그는 교도소에 갇혀 목숨이 위태로운 상황에서도 예수님을 전하는 편지를 썼다('디모데후서' 참고). 그에게는 단 하나의 속도, 단 하나의 방향, 단 하나의 우선순위밖에 없었다. 그것은 바로 전속력으로 앞만 보며 직진하는 1단계다!

교회가 세상에서 해야 하는 역할에 온 마음을 쏟는 상태로 돌아간다면 굉장히 멋진 일이 벌어질 수 있다. 새로운 신도를 하나님의 왕국과 교회로 전도하는 기본 목적으로 돌아갈 수 있다면, 새로 신앙생활을 시작해 희열에 넘치는 크리스천이 도화선이 되어 교회는 활력이 솟구칠 것이다. 그러면 예산모금, 교육사업, 자선사업 같은 다른 모든 일은 자연스럽게 돌아간다.

이것은 언제나 효과를 발휘한다. 신자들이 교회 역할의 핵심에서 벗어나 샛길로 빠질 때, 교회가 정신을 차리고 다시 복음 전파라는 본래 궤도로 들어서게 하는 가장 좋은 방법은 하나님의 왕국에 들어선 지 얼마 되지 않아 지루해하거나 지치지 않은 열정적인 새 신도를 유입하는 일이다. 새 신도의 열정은 기존 신도들에게 영감과 동기부여를 일으킨다. 나아가 그들의 믿음을 재평가하게 해준다. 생기 없던 크리스천이 갑자기 다시 하나님의 일을 계속하고 추진력이 생긴다.

일단 공이 굴러가려면 새 신도가 물밀듯이 몰려들어야 한다. 다만 이 모든 일은 교회가 예수 그리스도를 아직 자신의 구세주로 섬기지 않는 사람들에게 복음 전파를 강행할 때만 가능하다.

주여, 저를 1단계 사람으로 만드소서!

리치 디보스의 **믿음**

Chapter *9*

믿어라!

　　가족을 ….

RICH DEVOS

자신이 원하는 성공을 이루고 싶은 분들을 위한 강력한 믿음의 힘

믿음

Believe!

헬렌 디보스가 캠핑카 안 소파에 앉아있다. 일종의 움직이는 거실 같은 캠핑카는 승객을 태우고 미시간 시골을 지나고 있다. 그녀는 열심히 십자수를 놓으며 질문에 대답한다.

"인구 성장이 제로인 것을 제가 어떻게 생각하냐고요? 글쎄요, 저는 아이를 둘 낳고 이제 됐다고 생각하는 사람들은 그래도 괜찮다고 봐요. 저는 아이가 넷인데 제게는 그 정도가 딱 알맞았어요."

"당신 말이 맞는다는 것도 알아요. 다음 세대에 전 세계가 심각한 문제에 직면하겠지요. 하지만 그것이 우리가 아이를 낳아서 그 아이들이 사람을 돕는 법을 알도록 길러야 하는 더 확실한 이유라고 생각합니다. 저는 우리 아이들이 그 문제를 가중하기보다 그 문제를 해결하는 데 도움을 줄 것이라고 믿어요."

리치 디보스는 한 지역 방송국의 주간 TV쇼에 나와 인터뷰하고 있다. 진행자가 말한다.

"디보스 씨, 당신은 상당히 가정적인 사람으로 알려져 있습니다. 멋진 아빠일 거라고 보는데, 제 말이 맞나요?"

디보스가 말한다.

"그 질문이라면 우리 아이들에게 물어보는 것이 좋겠는데요."

서로 다른 두 가지 질문에 두 사람이 대답한 내용이다. 인터뷰 시기도 몇 개월 차이가 나고 인터뷰 장소도 서로 동떨어진 곳이지만, 두 가지 대답 모두 가정생활에 관한 리치 디보스 부부의 태도를 잘 보여준다.

한쪽의 대답에는 어머니의 조용한 확신, 자기 가정의 궁극적 산물을 신뢰하려는 의지, 자녀 양육처럼 예측 불가한 일조차 괜찮을 것이라고 믿는 막을 수 없는 낙관주의가 엿보인다. 다른 한쪽은 부모의 자질 판단은 아이들에게 달려있다는 사실을 완곡하면서도 솔직하게 상기하도록 해준다.

그들의 여러 가지 모습에서 가족이 그들 마음 가까이에 있음을 알 수 있다. 그들이 상을 받기 위해 의사당에 갈 때는 조부모 모두가 동행했다. 그들의 연회 테이블에는 조카를 포함해 모든 친척이 함께했다. 해외 출장을 갈 때는 항상 아이들 중 한 명을 데려가 다른 형제자매에게 관심을 빼앗기지 않게 했다.

장남 딕은 이미 열아홉 살 때부터 암웨이에서 커리어를 시작하기로 했다. 또한 네 자녀는 어른들의 지도 없이 다수결로 자선기금을 운용하기로 했다. 그 밖에도 많은 인생의 단편, 그러니까 여기서 언급하기에는 너무 개인적인 일들이 디보스 부부의 쉽게 변하지 않는 가족 사랑을 보여준다.

믿어라!
가족을….

우리가 미국식 생활방식을 지속해야 한다고 말할 때 떠올리는 그림은 의회, 군사력, 거창한 정부 행사다. 사실 미국 시스템의 생명력은 이런 것보다 수백만의 평범한 미국 가정 거실이나 식탁, 덴dens(집에서 사생활을 즐길 수 있도록 만든 작은 방 - 옮긴이), 뒷마당에서 벌어지는 일에 달려있다.

우리 생활방식에서 가장 중요한 존재가 무엇인지 서열을 매기기는 어려울 것이다. 그렇지만 그 선두에는 대개 가족이 있다. 예를 들어 학교, 경제 시스템, 정부, 심지어 교회 같은 다른 존재는 가정과 가족의 힘에 근간을 두고 있다.

몇몇 사회학자는 우리가 아는 전통 가족은 이번 세기말이면 공룡이나 도도새처럼 사라질 것이라는 의견을 내놓았다. 나는 그렇게 생각하지 않는다. 인간의 삶에서 가족은 본질적 요소라 다른 어떤 시스템으로도 대체가 불가하다고 믿기 때문이다. 그러나 점점 복잡해지는 문화가 가족에게 크게 압박으로 작용해 가족이 한때 그랬던 것처럼 더 이상 많은 사람의 마음속 안식처로 기능하지 못한다는 사실은 인정해야 한다고 본다.

미국에서 가족 개념이 다시 자리 잡아야 할 때다. 부모로서 기본 책임을 다해야 한다는 사회적 요구를 받아들이고, 가족을 강하게 신뢰함으로써 우리 가정이 아메리칸드림의 인큐베이터가 되도록 우선순위를 재정렬해야 할 때다.

네덜란드 출신인 내 조부모는 미국에 와서 미시간 서부에 정착했다. 내 어린 시절을 떠올리면 가족 간의 따뜻한 기억이 남아있다. 우리는 서로 아주 가까웠다. 때로 싸우기도 했지만 싸우면서도 함께했고, 거기에는 언제나 말로 표현할 필요도 없는 사랑이 가득했다. 늘 사랑이 감돌았으며 어린 나는 항상 그 사랑을 느낄 수 있었다.

나는 정말로 세일즈 기술에 관심이 많았다. 할아버지가 옛날식 '장사꾼'이라 더욱 그랬다. 할아버지는 매일 오래된 트럭을 몰고 농산물 직판장에 가서 채소를 구매해 동네 사람들에게 팔았다. 내가 처음 물건을 팔았을 때 나는 할아버지와 함께 있었다. 내가 판 것은 할아버지가 정기적으로 다니던 경로를 다 돌며 팔다 남은 양파였다.

전기기사였던 아버지는 전기 자재를 판매했다. 그래서 물건을 파는 행동양식은 우리 가족의 삶에 깊이 뿌리 박혀 있었다. 아버지는 멋진 분이었다. 다른 누구보다 정직했고 평생 열심히 일했다. 그런데 자기 사업을 하지 못했다는 사실에 불만을 느낀 아버지는 내게 독립적인 사업가가 되라고 했고, 그 충고는 젊은 시절 내게 가장 큰 영향을 준 동기부여 요소 중 하나다.

아버지는 살아서 내가 어느 정도 성공을 이룬 모습을 보았다. 암웨이가 막 돌아가기 시작했을 무렵인 1962년 돌아가셨는데, 나는 아버지가 돌아가시기 전에 암웨이가 지금만큼 성공하리라고 예측했을 거라고 믿는다.

아버지는 내게 암웨이의 기초는 정직하고 공정한 거래라고 했다. 또한 암웨이 사람들은 암웨이와 암웨이 정신을 신뢰하므로 그들을 절대 실망시키면 안 된다고 했다. 나는 단 한 번도 그 말씀을 잊은 적이 없다.

가정에서 경험한 이 같은 추억은 삶의 행로를 정할 때 영향을 준다. 과거를 돌아보면 나는 내가 성장하는 데 가족이 얼마나 중요했는지 명확히 알 수 있다. 내가 세일즈를 직업으로 생각하게 된 계기는 그 채소 트럭에 있다. 하나님께 보이는 내 태도는 저녁 식사 테이블에 앉아 고개 숙여 기도하면서 시작되었다. 의지의 힘에 관한 내 믿음은 아버지 뒤꽁무니를 쫓아다니며 인간의 노력에 담긴 무한한 잠재력을 들을 때 시작되었다.

우리 사회의 대규모 기관은 사람으로 구성되어 있고 그들은 다른 무엇보다 가정의 영향을 많이 받고 자란다. 가정에서 내가 성장해온 길을 되짚어보고 지금 내가 네 아이의 아버지가 되어 위치가 바뀌었음을 자각할 때마다 정신이 번쩍 들고, 때론 책임감의 무게에 다소 겁이 나기도 한다.

그 책임감은 아버지와 어머니가 똑같이 짊어지는 공동 부담이다. 둘 중 한 명이 심각하게 그 책임을 다하지 못하기도 하는데 그 범인은 대개 아버지다. 의식주를 해결하는 일이 아버지의 임무임을 고려할 때, 여자보다 남자가 가정을 책임지는 일에서 멀어지는 경우가 많다.

옛 속담 중에 이런 말이 있다.

"바빠서 가족과 시간을 보낼 여유가 없다면, 당신은 너무 바쁜 것이다."

내 생각도 같다. 누군가에게 위탁할 수 없는 일이 몇 가지 있는데 그중 하나가 부모 노릇이다. 가족과 보내는 시간, 가족 구성원이 서로에게 진심으로 다가가는 소중한 시간을 대체할 수 있는 것은 없다.

암웨이 사람들은 열심히 일하고 주말은 집에서 보낸다. 주일에는 절대 컨벤션을 열지 않는다. 나는 가끔 이런 질문을 받는다.

"어떻게 가정생활을 위해 돈을 더 벌 기회를 놓칠 수 있습니까?"

그건 우리에게 문제가 되지 않는다. 우리 철학은 단순하다. 우리가 가족을 희생해서 돈을 벌어야 한다면 그런 돈은 필요 없다. 단지 그럴 가치가 없다는 뜻이다.

나는 자주 출장을 가지만 집에 있을 때만큼은 내 시간을 아이들에게 열어두고 아이들이 하고 싶어 하는 일을 하려고 노력한다. 내가 아는 매우 훌륭한 아버지 중 한 명은 암웨이의 수석 조종사다. 자주 집을 비워야 하는 그는 집에 있을 때 '정말로' 집에 있다. 그는 앉아서 밤새 텔레비전을 보지 않는다. 아이들이 항상 그에게 다가갈 수 있도록 말이다.

간혹 비즈니스와 커리어 때문에 가정이 엉망이 되었다고 불평하는 사람도 있다. 그런데 막상 알고 보면 문제의 진짜 원인은 일이 아니다. 가족과의 시간을 포기해야 잘 해낼 수 있을 만큼 많은 시간과 에너지가 필요한 일은 극히 드물다.

통상 가정을 파괴하는 것은 비즈니스가 아니다. 대개는 골프장에서 줄곧 토요일과 일요일을 보내거나, 매일 저녁 집으로 돌아가는 길에 바에서 시간을 보내거나, 친구들과 밤새워 노는 등 이와 유사한 다양한 일상이 원인이다. "일 때문에"는 하나의 '구실'일 뿐이다. 이것은 이미 금이 가고 있던 결혼생활이나 즐겁지 않은 가정생활을 방치할 변명거리에 지나지 않는다.

가족과 함께 집에서 시간을 보내는 것은 시작에 불과하다. 의사결정과 적절한 훈육의 미묘한 기준은 어렵고 끝이 없다. 우리 집 훈육 방식은 양육 초기에 비해 상당히 많이 변했다. 우리 아이들은 스스로 의사결정하고 스스로 올바른 선택을 하도록 장려하는 양육 방식을 모두 거쳤다.

자녀 양육서를 보면 제법 그럴듯했지만 실제로 우리 집에서는 그런 방법이 제대로 작동하지 않았다. 내 방식은 좀 더 권위적인 형태였다. 일단 어떤 규칙을 정하면 거기에는 논쟁의 여지가 없도록 했다. 나는 가끔 아이들에게 이렇게 말했다.

"이건 규칙이고 너희는 규칙을 지키면서 살아야 해. 규칙을 지키며 행복하게 지내거나, 규칙을 불평하며 우리 모두를 비참하게 만들거나 둘 중 하나지. 그래도 규칙은 지켜야 한다."

물론 요령은 어떤 사안이 그런 권위주의적 방식을 정당화할 만큼 중요한지 결정하는 데 있다.

어느 가족도 항상 순조로운 항해를 계속할 수는 없다. 가정 내에서 가족 규칙을 놓고 다툼이 있으면 논쟁의 장을 만들라고 권하고 싶다. 그런 다툼은 때로 피할 수 없다. 나 역시 나를 짜증 나게 하는 일이 많이 있고 우리 아이들이 다르게 행동했으면 하는 바람도 있다. 그중 어떤 일은 잔소리할 만한 가치가 없는 것들이다.

남자아이의 머리카락이 옷깃 위를 얼마나 덮었는지 따위는 가족이 이러쿵저러쿵할 일이 아니라고 본다. 아이들이 어떤 옷을 입든 그 문제는 청소년기 반항전을 치르기에 부적절한 논제라고 생각한다. 내가 단호하게 맞서야 한다면 정말 가치 있는 일에 내 입장을 알려주고 싶다!

암웨이는 가족을 하나의 단위로 크게 중시해왔다. 우리는 가족 전체를 리크루팅할 수 있는 상황이라면 우리 제품을 판매하기 위해 독신 남녀를 리크루팅하지 않는다. 아주 초창기부터 우리 비즈니스는 남편과 아내,

심지어 아이들도 함께할 수 있는 일이었다.

제이 밴 앤델과 내가 처음부터 앉아서 "이건 가족 비즈니스가 될 거야"라고 말한 것은 아니다. 그냥 일이 그렇게 흘러갔을 뿐이다. 우리는 부부 중 한 사람이 일을 잘하려면 먼저 남편과 아내가 서로 하는 일을 납득해야 한다는 것을 깨달았다. 그래서 우리는 두 사람 모두를 리크루팅하는 방식을 시도했다. 이것은 점차 가족 비즈니스 개념으로 진화했고 암웨이의 중요한 전통이 되었다.

암웨이는 가족이 함께 우리 비즈니스에 참여함으로써 가족관계가 악화하지 않고 오히려 끈끈해질 수 있다고 생각하고 이를 시도해볼 만큼 가족을 믿는다. 우리가 그랜드 래피즈에서 열리는 세미나에 디스트리뷰터(ABO)를 부를 때는 언제나 남편과 아내가 함께 오도록 한다.

우리는 인센티브 상품으로 여행과 크루즈 기회를 제공하는데 항상 커플을 함께 초대한다. 컨벤션마저도 가족 중심이다. 대규모 컨벤션을 처음 열었을 때 행사를 연 호텔에서 바텐더를 두 배로 늘렸다. 호텔에서는 대규모 컨벤션이 열리니 이번 주말에 술을 많이 팔 수 있겠다고 판단한 모양이다. 그들은 바가 북적일 것으로 예상했다.

안됐지만 첫째 날 바는 하루 종일 텅 비어있었다. 호텔 관계자들은 믿기 힘들어했다. 둘째 날 그들은 추가 투입한 바텐더를 빼고 커피숍 점원을 두 배로 늘렸다. 그 이유가 무엇일까? 암웨이 사람들은 집을 떠나 할 일 없이 바에 우두커니 서 있는 그런 스타일이 아니다. 그들은 가족과 함께하고 또 공유하는 사람이었고 결국 행사장 전체 분위기는 달라졌다.

자녀 양육과 관련해 여러 가지 의문점이 있겠지만 내게는 그 정답이 없다. 정답을 아는 이는 없을 거라고 확신한다. 왜 어떤 아이들은 부모의 가치관을 특히 더 많이 받아들이는지 잘 모르겠다. 그 이유는 심리학자가 고민하도록 남겨두겠다.

젊은 부모에게 어떻게 가족을 꾸려가라고 건넬만한 조언도 없다. 나는 그 분야 전문가가 아니다. 모두가 그렇듯 나는 날마다 좋은 아버지가 되려고 최선을 다할 뿐이고 어떤 결과가 나타날지는 두고 봐야 한다. 그래도 한 가지 강조하고 싶은 것이 있다. 만약 건강한 가족이 없다면 우리가 사랑하고 마음에 담고 사는 어떤 가치도 살아남지 못할 것이다. 다시 말해 그 가치를 지킬 이유가 사라진다. 부모 역할의 중요성을 믿고 필요할 경우 자신의 삶 전체를 가정과 가족 중심으로 조정하려는 강한 의지가 없다면, 건강한 가족이 되지 못할 것이다.

믿음

1판 1쇄 찍음 2023년 7월 10일
1판 1쇄 찍음 2023년 7월 10일

지 은 이 리치 디보스 _ 찰스 폴 콘
옮 긴 이 심수영
펴 낸 이 배동선
           마케팅부/최진균
펴 낸 곳 아름다운사회
출판등록 2008년 1월 15일
등록번호 제2008-1738호
주   소 서울시 강동구 양재대로 89길 54 202호(성내동) (우: 05403)
대표전화 (02)479-0023
팩   스 (02)479-0537
E-mail assabooks@naver.com

ISBN : 978-89-5793-206-3-03320

값 10,000원

잘못된 책은 교환해 드립니다.